Detlev Fischer
Rechtshistorische Rundgänge durch Freiburg
Perle des Breisgaus

Schriftenreihe des Rechtshistorischen Museums Karlsruhe
Herausgegeben von Detlev Fischer und Marcus Obert

Detlev Fischer

# Rechtshistorische Rundgänge durch Freiburg

## Perle des Breisgaus

Verlag der
Gesellschaft für Kulturhistorische Dokumentation e. V. Karlsruhe
2020

**Bibliografische Information der Deutschen Nationalbibliothek**
Die Deutsche Nationalbibliothek verzeichnet diese Publikation in der Deutschen Nationalbibliographie; detaillierte bibliographische Daten sind im Internet unter http://dnb.d-nb.de abrufbar.

Heft 38 der Schriftenreihe des Rechtshistorischen Museums
Herrenstraße 45 a, 76133 Karlsruhe

Alle Rechte vorbehalten
Gesellschaft für Kulturhistorische Dokumentation e. V. Karlsruhe, 2020

Druck und Verarbeitung: Karolus Media GmbH,
Württemberger Straße 118, 76646 Bruchsal
Satz und Layout: Anne Kempter, Karlsruhe
Umschlaggestaltung: Anne Kempter, Wolfgang R. Reichenbacher, Pfinztal
Printed in Germany
ISBN 978-3-922596-31-8
Text- oder Bildreproduktion nur nach Rücksprache mit dem Verlag

# Inhaltsverzeichnis

**Vorwort**     9

**Erster Rundgang: Ulrich Zasius und das vorderösterreichische Freiburg**     11

1. Bertoldsbrunnen     13
2. Standort der ehemaligen Gerichtslaube     15
3. Martinstor     16
4. Haus zur lieben Hand, Löwenstraße 16     17
5. Peterhof, Niemensstraße 10     19
6. Jesuitenkolleg (Alte Universität) Bertoldstraße     20
7. Neues Rathaus     21
8. Altes Rathaus     22
9. Gerichtslaube, Turmstraße     22
10. Haus zum Schaub, Turmstraße 1     24
11. Erstes Universitätsgebäude, Franziskanerstraße 11     25
12. Haus zum Walfisch, Franziskanerstraße 3     27
13. Haus zum Gauch, Gauchstraße/Ecke Kaiser-Joseph-Straße     28
14. Basler Hof, Kaiser-Joseph-Straße 167     29
15. Sapienz, (Collegium Sapientiae), Herrenstraße 2 a     31
16. Haus zum Wolfseck (Wohnhaus Ulrich Zasius), Herrenstraße 7     32
17. Historisches Kaufhaus     36
18. Münster     36

**Zweiter Rundgang: Karl von Rotteck und die Badische Justiz**     39

1. Ehemaliges Rottecksches Wohnhaus, Rotteckring/Ecke Rathausgasse     41
2. Colombischlößle, Rotteckring 2     46
3. Wohnhaus und Anwaltskanzlei Ferdinand und Hermann Kopf, Bismarckallee 16     50
4. Rechtsanwaltskammer Freiburg, Bertoldstraße 44     52
5. Einstiger Standort des Rotteck-Denkmals     54
6. Kollegiengebäude II     54

| | | |
|---|---|---|
| 7. | Kollegiengebäude I | 57 |
| 8. | Ehemalige Anwaltskanzlei und Wohnhaus Sinauer, Erbprinzenstraße 8 | 60 |
| 9. | Ehemaliges Wohnhaus Karl Theodor Welcker | 63 |
| 10. | Ehemalige Anwaltskanzlei und Wohnhaus Robert Grumbach, Gartenstraße 14 | 65 |
| 11. | Anwaltskanzlei und Wohnung Maria Plum, Schreiberstraße 10 | 69 |
| 12. | Wohnung Fritz Pringsheim Schreiberstraße 4 | 70 |
| 13. | Ehemalige Wohnung von Joseph Reichlin von Meldegg | 73 |
| 14. | Staatsanwaltschaft Freiburg, Kaiser-Joseph-Straße 259 | 74 |
| 15. | Justizgebäude am Holzmarkt | 75 |
| 16. | Amtsgericht Freiburg, Holzmarkt 2 | 82 |
| 17. | Anwaltskanzlei Bader am Martinstor | 83 |
| 18. | Ehemalige Deutschordenskommende | 84 |
| 19. | Ehemaliges Palais Sickingen, Salzstraße 17 | 85 |
| 20. | Erzbischöfliches Ordinariat, Herrenstraße/Ecke Schoferstraße | 89 |
| 21. | Ehemalige Hauptwache | 94 |
| 22. | Historisches Kaufhaus | 94 |
| 23. | Haus zum Ritter | 96 |
| 24. | Münster | 99 |
| 25. | Basler Hof | 100 |
| 26. | Neues Rathaus | 104 |

## Dritter Rundgang: Das Stadtviertel Neuburg und der Alte Friedhof 105

| | | |
|---|---|---|
| 1. | Karlsplatz | 107 |
| 2. | Windererstraße | 110 |
| 3. | Wohnhaus des Reichsgerichtsrats Richard Michaelis, Windererstraße 6 | 111 |
| 4. | Wohnhaus Hans Großmann-Doerth, Windererstraße 12 | 112 |
| 5. | Wohnung Franz Wieacker, Windererstraße 18 | 114 |
| 6. | Wohnhaus Gerhard Ritter, Mozartstraße 48 | 116 |
| 7. | Grabstätte der Familie Rotteck | 118 |
| 8. | Mirabeau-Grab | 119 |
| 9. | Duttlinger-Grab | 120 |
| 10. | Hennenhofer-Grab | 122 |
| 11. | Grab des Hofgerichtsrats Bauer | 123 |
| 12. | Arbeitsgericht Freiburg | 123 |

| | |
|---|---|
| 13. Landesarbeitsgericht Baden-Württemberg | 123 |
| 14. Verwaltungsgericht Freiburg | 123 |
| 15. Vollzugsanstalt Freiburg | 124 |
| 16. Sozialgericht Freiburg | 126 |

**Vierter Rundgang: Gang durch das Stadtviertel Wiehre**     **127**

| | |
|---|---|
| 1. Wohnhaus Fritz Marschall von Bieberstein | 129 |
| 2. Ehemaliger Dienstsitz des Verwaltungsgerichts Freiburg | 130 |
| 3. Ehemaliges Wohnhaus Paul Zürcher | 131 |
| 4. Zasius-Villa | 133 |
| 5. Erster Dienstsitz des Verwaltungsgerichts Freiburg, | 133 |
| 6. Scheffelstraße | 135 |
| 7. Anwaltskanzlei Constantin Fehrenbach | 136 |
| 8. Ehemaliger Dienstsitz des Badischen Verwaltungsgerichtshofes | 140 |
| 9. Grabmal für den Freiheitskämpfer Maximilian Dortu | 141 |
| 10. Wohnung des ehemaligen Reichsgerichtsrats Kurt Citron | 143 |
| 11. Maria-Theresia-Straße | 145 |
| 12. Ehemaliges Wohnhaus Heinrich Rosin | 146 |
| 13. Ehemaliger Dienstsitz des Oberlandesgericht Karlsruhe – Zivilsenate in Freiburg | 147 |
| 14. Wohnhaus Paul Schwoerer | 147 |
| 15. Wohnhaus Otto Lenel | 148 |
| 16. Juristen-Villa | 151 |
| 17. Wohnung Ernst Rudolf Huber | 157 |
| 18. Liefmannhaus | 158 |
| 19. Daubehaus | 159 |
| 20. Wohnhaus von Karl Binding | 160 |

| | |
|---|---|
| **Schrifttum** | **163** |
| **Personenverzeichnis** | **167** |
| **Abbildungsverzeichnis** | **171** |

# Vorwort

Wenige Jahre nach dem erstmaligen Erscheinen meiner Rechtshistorischen Rundgänge durch Karlsruhe (1. Auflage 2005, 3. Auflage 2017) habe ich den Gedanken aufgenommen, einen entsprechenden Stadtführer auch für Freiburg zu schreiben. Seit meiner juristischen Ausbildungszeit, die ich von 1971 bis 1979 in der Breisgau-Metropole mit den Etappen Studienzeit (1971 bis 1975), Referendariat (1975 bis 1977) und anschließender Dissertation verbringen konnte, ist mir die Stadt ans Herz gewachsen. Welch großes rechtshistorisches Erbe Freiburg tatsächlich zu bieten hat, wurde mir aber erst im Laufe der letzten Jahrzehnte richtig bewußt, nicht zuletzt durch meine Nebentätigkeit als Prüfer im Ersten juristischen Staatsexamen, die mich in der Zeit von 1991 bis 2017 regelmäßig nach Freiburg geführt und mir ermöglicht hat, nebenher zahlreiche Streifzüge durch die Stadt zu unternehmen.

Anhand von 80 Stationen – überwiegend in der Freiburger Innenstadt gelegen – werden im vorliegenden Band rechtsgeschichtliche Sehenswürdigkeiten und Erinnerungsstätten vorgestellt. Diese Stationen sind auf vier Rundgänge verteilt, die jeweils in etwa zwei Stunden absolviert werden können. Der Routenverlauf ist aber keineswegs zwingend, die Stationen können auch anderweitig verknüpft werden oder – außerhalb der Freiburger Fußgängerzone – ebenso als Radtour erschlossen werden.

Ich hoffe, daß der Band, der der bewährten Konzeption meiner Karlsruher Rundgänge folgt, durch die spezifischen Freiburger Verhältnisse aber auch ganz andere Grundlinien aufweist, ebenfalls eine große Schar von Lesern finden möge. Auch hier werden nicht nur Freiburger Juristen einschließlich ehemaliger Freiburger Jurastudenten angesprochen, sondern zugleich diejenigen Nichtjuristen, die sich näher mit der überaus vielfältigen Freiburger Stadtgeschichte beschäftigen möchten. Auf Hinweise aus der Leserschaft freue ich mich schon jetzt.

Der Eufori-Stiftung und ihrer Vorsitzenden, Rechtsanwältin Prof. Dr. Diemut Majer, Karlsruhe, danke ich sehr herzlich, daß sie die Drucklegung dieses Buches durch die Gewährung eines großzügigen Druckkostenzuschuß ermöglicht haben.

Karlsruhe, im Oktober 2020                                         Detlev Fischer

# Erster Rundgang

## Ulrich Zasius und das vorderösterreichische Freiburg

*Ulrich Zasius, Holzschnitt von Tobias Stimmer (1539-1584)*

# Erster Rundgang

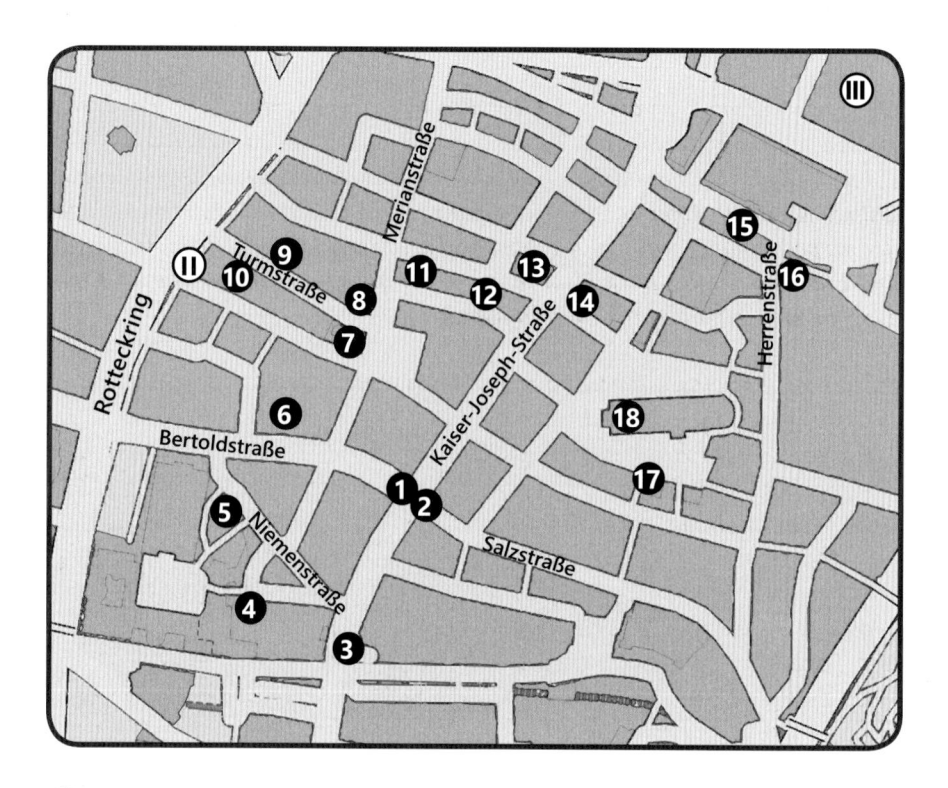

(II) *Anschluß zum Zweiten Rundgang*

(III) *Anschluß zum Dritten Rundgang*

# Erster Rundgang: Ulrich Zasius und das vorderösterreichische Freiburg

*Dieser Rundgang führt durch die Kerninnenstadt von Freiburg. Er befaßt sich in erster Linie mit der Rechtsentwicklung in der vorderösterreichischen Zeit (1365-1805), geht aber auch auf die ersten beiden Jahrhunderte seit der Stadtgründung (1120) näher ein. Der Rundgang gibt zugleich Gelegenheit, sich mit der ursprünglichen Stadtanlage von Freiburg vertraut zu machen. Ausgangs- und Endpunkt ist der Bertoldsbrunnen in der Kaiser-Joseph-Straße im Kreuzungsbereich von Salz- und Bertholdstraße.*

*Stationen:* Bertoldsbrunnen, Standort der ehemaligen Gerichtslaube, Martinstor, Haus zur lieben Hand, Peterhof, Jesuitenkolleg (Alte Universität), Neues Rathaus, Altes Rathaus, Gerichtslaube, Haus zum Schaub, Erstes Universitätsgebäude, Haus zum Walfisch, Haus zum Gauch, Basler Hof, Sapienz (Collegium Sapentiae), Haus zum Wolfseck (Wohnhaus Ulrich Zasius), Historisches Kaufhaus, Münster.

*Der frühere Bertoldsbrunnen mit Blick in die Bertoldsstraße*

## ❶ Bertoldsbrunnen

Der Standort des Bertoldsbrunnen befindet sich im Herzen von Freiburg. Der Schnittpunkt zwischen der von Osten nach Westen führenden Hauptachse (heutige Salzstraße und Bertoldstraße) und der von Nord nach Süden führenden Hauptachse (heutige Kaiser-Joseph-Straße) besaß seit jeher zentrale Bedeutung für die Stadt. Bis 1806 stand hier der Fischbrunnen, der an den einstigen Fischmarkt erinnerte.

Das 1965 anstelle des 1944 zerstörten Bertoldsbrunnens errichtete Reiter-Denkmal stammt von dem Freiburger Bildhauer *Nikolaus Röslmeir* (1901-1977) und zeigt einen aus Bronze gegossenen Reiter, für den ein Siegel Herzog *Bertolds II. von Zähringen*

*Herzog Konrad von Zähringen*

(1050-1111) als Vorbild diente. Ebenso wie das frühere Denkmal, das Herzog *Bertold III.* (1085-1122) von Zähringen als vermeintlichen Stadtgründer zeigte und anläßlich des Geburtstags von Großherzog *Karl Friedrich* (1728-1811) am 22. September 1807 eingeweiht wurde, erinnert der heutige Bertoldsbrunnen an die Stadtgründung von 1120.

Die Stadtgründungsurkunde ist in ihrem Original nicht mehr erhalten. Auf sie kann eine Niederschrift im Tennenbacher Urbar, dem Güterverzeichnis der ehemaligen Zisterzienserabtei Tennenbach bei Emmendingen, zurückgeführt werden, die auf 1341 datiert wird. Freiburg gehört im Gegensatz zu den älteren Stadtentstehungen, den gewachsenen Städten, wie etwa den Bischofsstädten Straßburg und Basel, den Reichsstiftsstädten Lindau und Esslingen sowie den Pfalzstädten wie Villingen und Breisach zum Typus der Stadtgründung mittels eines Rechtssetzungsakts. Das Herzog *Konrad I. von Zähringen* (1090-1152), Nachfolger seines Bruders Bertold III., zugeschriebene Gründungsprivileg gilt als Dokument von erstrangiger Bedeutung für die mittelalterliche Stadt- und Rechtsgeschichte. Es gewährte unter Rückgriff auf das Recht der Stadt Köln Rechtsschutz und Rechtssicherheit und garantierte stadtbürgerliche Freiheit, Steuerfreiheit und uneingeschränktes Erbrecht von Frau und Kind für jeden verstorbenen Kaufmann. *„Wenn jemand"*, heißt es im Privileg, *„innerhalb dieses Gebietes beraubt wird, und er nennt den Räuber, so werde ich entweder dafür sorgen, daß der Raub zurückgegeben wird, oder ich werde den Schaden ersetzen."* Dem Freiburger Rechtshistoriker *Franz Beyerle* (1885-1977), der von 1938 bis 1953 an der Fakultät lehrte, ist es zu verdanken, daß der ursprüngliche Text durch Eliminierung späterer Beifügungen im Wesentlichen wiederhergestellt werden konnte.

Der Fischmarkt war auch rechtsgeschichtlich von besonderer Bedeutung, weil hier über viele Jahrhunderte der Freiburger Pranger, mitunter auch als Schupfe bezeichnet, seinen Standort hatte. Der Pranger ist eine Einrichtung der mittelalterlichen Strafjustiz und wurde im 13. Jahrhundert in Deutschland gebräuchlich. Er diente der öffentlichen Ausstellung des Straftäters, der so dem Gespött der Einwohner ausgesetzt wurde. Einzelheiten der Ausgestaltung des Freiburger Prangers sind nicht bekannt. Überliefert ist lediglich, daß der Pranger aus einem erkerartigen Anbau an einem Eckhaus des Platzes bestanden hat (Grete Bader-Weiß).

## ❷ Standort der ehemaligen Gerichtslaube

Bevor die Gerichtslaube in der Turmstraße als Gerichtsstätte benutzt wurde, befand sich im Bereich des heutigen Bertoldsbrunnens die *„gerichtslouben"*. Am damaligen Fischmarkt bei der Brotbank tagten Schultheiß und Gericht. 1280 wurde die Gerichtslaube erstmals erwähnt, also 160 Jahre nach der Stadtgründung. Es handelte sich hierbei um eine nach allen Seiten offene, nicht heizbare Holzhalle, die für die ersten zwei Jahrhunderte als Verhandlungsstätte des städtischen Schultheißengerichts diente. Der Gerichtsort war mithin öffentlich zugänglich. Bereits nach mittelalterlichem Rechtsverständnis wurden die Sitzungen im Beisein der Bürgerschaft abgehalten. Mitunter wich das Gericht von der Gerichtslaube in nahe gelegene Privathäuser aus. Dies geschah namentlich im

*Der frühere Bertoldsbrunnen mit Blick nach Süden*

*Siegel der Stadt Freiburg, 1245*

### ❸ Martinstor

*Das alte Martinstor von Süden*

Winter und bei schlechter Witterung, wenn es in der offenen Gerichtslaube zu kalt wurde. Auch in der Stube des benachbarten Wirtshauses „Zur Krone" wurde verhandelt. Bis etwa 1443 blieb das Schultheißengericht am Fischmarkt, dann wurde in dem am Franziskanerplatz gelegenen „Richthaus" getagt und ab 1480 fanden die Verhandlungen in der Ratsstube in der Turmstraße statt (*Näheres hierzu nachfolgende Station 9*).

*Gerichtssiegel der Stadt Freiburg, 1389*

*Nun gehen wir die Kaiser-Joseph-Straße südwärts zum Martinstor hinunter.*

Langjährige Freiheitsstrafen waren in der mittelalterlichen Rechtsprechung unbekannt. Die Stadttore dienten zwar auch als Haftanstalten, aber vorwiegend für Untersuchungsgefangene sowie für säumige Schuldner und Personen, die kurzfristige Freiheitsstrafen zu verbüßen hatten. In Freiburg wurden Häftlinge im Martinstor sowie in den heute nicht mehr vorhandenen Prediger- und Christopfelstürmen verwahrt. In dem oberen Bereich des Martinsturms befand sich ein Frauengefängnis und im unteren Teil ein Gemach mit Bett, Stocksack und Deckbett. Zeitweilig wurde die Einweisung eines Gefangenen in das Martinstor auch mit den Worten „ihm den Martinsmantel umhängen" umschrieben.

*Das alte Martinstor von Norden*

In erster Linie diente das Martinstor aber als Teil der Stadtbefestigung, die zu Beginn des 13. Jahrhunderts angelegt worden war. Die erste urkundliche Erwähnung der „Porta Sancti Martini" stammt aus dem Jahre 1238. Seit dem 17. Jahrhundert war die Stadtseite mit dem Bild des heiligen Martins geschmückt. Zu Beginn des 20. Jahrhunderts erhielt das Martinstor wie auch das etwas jüngere Schwabentor im Osten eine ganz erhebliche Aufstockung, um die Tore der neuen Bebauung anzugleichen. 1988 wurde eine Tafel an der Nordseite des Tores enthüllt, die an die zahlreichen Opfer des Hexenwahns erinnert. Stellvertretend für viele unbekannte Frauen werden die drei Freiburgerinnen *Margareta Mößmer*, *Catharina Stadelmann* und *Anna Wolffart* genannt, die 1599 zum Tode verurteilt, enthauptet und verbrannt wurden.

*Wir gehen nun wieder einige Schritte zurück und biegen in die westwärts führende Löwenstraße ein. Dort stoßen wir wenig später auf das imposante Haus zur lieben Hand.*

**❹ Haus zur lieben Hand**
Löwenstraße 16

Zu den zahlreichen Klosterhöfen im Stadtgebiet gehörte ursprünglich auch das in der Löwenstraße gelegene Haus zur lieben Hand. Es ist neben dem am Münsterplatz befindlichen „Wentzingerhaus" das bedeutendste Gebäude dieser Größe aus der Zeit des Spätbarocks. Fertiggestellt wurde das Palais 1769. Es beruht wohl auf einem Entwurf von *Christian Wentzinger* (1710-1797).

*Haus zur lieben Hand, Vorderansicht*

Der mittelalterliche Vorgängerbau, wovon Reste noch in den Kellerräumen erhalten geblieben sind, ist in der Mitte des 15. Jahrhunderts als Sankt Trudperter Besitz nachgewiesen und diente der im Münstertal gelegenen Benediktinerabtei als Freiburger Quartier. Im 17. Jahrhundert lebte hier *Franz August Preiß*, Stadtschreiber und Rechtslehrer an der französischen Hochschule in Freiburg. Er war der letzte bürgerliche Eigentümer des Hauses. Nachdem 1678 Freiburg von Truppen des französischen Königs *Ludwig XIV.* (1638-1715), des „Sonnenkönigs", besetzt worden war, verlegte Kaiser *Leopold I.* (1640-1705) die vorderösterreichische Universität nach Konstanz. Die Philosophische Fakultät und das Gymnasium verblieben in Freiburg. Hieraus wurde 1685 eine „Universitas Regia Gallica" gebildet. 1698 kehrte die Universität nach Freiburg zurück und die französische Hochschule wurde aufgelöst. Preiß veräußerte sein Anwesen an das Kloster St. Gallen, das seine Besitztümer im Breisgau von Ebringen aus verwaltete. Deshalb wurde das Haus auch Ebringer Hof genannt.

Das Wentzinger-Gebäude nutzte der Freiburger Arbeiterbildungsverein ab den Siebziger Jahren des 19. Jahrhunderts, bis er im April 1933 von dem NS-Regime aufgelöst wurde. In der Nachkriegszeit wurde hier die Freiburger Musikhochschule untergebracht. Heute gehört das repräsentative Bauwerk der Universität, die es als Stätte der Begegnung und Kommunikation nutzt.

Das 1989 errichtete interdisziplinäre *Frankreichzentrum* der Universität ist gleichfalls in diesem Gebäude untergebracht. Das Zentrum befaßt sich insbesondere mit komparativen Studien auf dem Gebiet des Rechts, der Wirtschaft, der Geschichte, der Politik, der Literatur und Kultur von Frankreich und Deutschland.

*Über die Universitätsstraße, an dessen linker Seite wir den rückwärtigen Bereich des Kollegiengebäudes III passieren, gelangen wir in die Niemenstraße und erreichen nach wenigen Minuten den Peterhof.*

*Haus zur lieben Hand, Innenhof*

## ❺ Peterhof
Niemensstraße 10

*Peterhof, vor 1944*

Von Beginn an war Freiburg verbunden mit dem Benediktinerkloster Sankt Peter im Schwarzwald, das mit dem Peterhof einen eigenen Klosterhof im Stadtgebiet unterhielt. Von hier aus wurde der Klosterbetrieb verwaltet; die Keller nahmen Naturalabgaben wie den Zehntwein auf, für die Äbte wurden eigene Wohnbereiche vorgehalten, die sie während ihrer Freiburger Aufenthalte nutzen konnten. Mönche, die an der Universität studierten oder lehrten, konnten hier untergebracht werden. Nach der Säkularisation gelangte der Peterhof mit seinen umfangreichen Anbauten in den Besitz des badischen Staates, der ihn zeitweise für die Domänenverwaltung und schließlich für das Bezirkskommando Freiburg nutzte. 1944 brannte die Anlage bis auf die Außenmauern aus. 1957 wurde die Universität Eigentümerin des Peterhofs. Die von dem Münstertaler Bildhauer *Franz Gutmann* 1960 geschaffene neue hölzerne Eingangstüre zum damaligen Psychologischen Institut weist die stilisierten Portraits des Freiburger Rechtslehrers Ulrich Zasius (*Näheres hierzu Station 16*) sowie des Philosophen Erasmus von Rotterdam (*Näheres hierzu Station 12*) auf, der zeitweise in Freiburg lebte. Heute ist im Peterhof das *Institut für ausländisches und Internationales Privatrecht* untergebracht.

*Wir treten nun in die Bertoldstraße ein und stoßen auf die Universitätskirche. Stadtauswärts befand sich an der Ecke Rotteckring/Bertoldstraße bis zu seiner Zerstörung im Zweiten Weltkrieg das stattliche Gebäude des Bertoldgymnasiums. Vor dessen Hauptportal stand der eindrucksvolle Zasius-Brunnen mit einer schlichten Büste des großen Humanisten und Juristen, der an dessen Tätigkeit als Leiter der Lateinschule erinnerte. Wir wenden uns nach rechts und gelangen zum einstigen Jesuitenkolleg.*

*Zasius-Brunnen vor dem Bertoldgymnasium*

*Universitätskirche mit Kolleggebäude*

**❻ Jesuitenkolleg** (Alte Universität) Bertoldstraße

Die Universitätskirche sowie das anschließende Kollegiengebäude wurden um 1700 von den Jesuiten nach ihrer Berufung nach Freiburg errichtet. Mit Auflösung des Ordens 1778 erhielt die Universität die Gebäude. 1944 wurde der Gebäudekomplex schwer getroffen und bis auf die Außenmauern zerstört. In den Nachkriegsjahren folgte der Wiederaufbau, bei dem das Äußere restauriert und im Innern ein moderner Stahlbetonbau mit Hörsälen, Seminarräumen und Aufenthaltsbereichen eingefügt wurde. Der Kopfbau des Wirtschaftshofes wurde als Gaststätte ausgebaut.

Heute wird die Gebäudeanlage als Alte Universität bezeichnet. In ihr ist auch das *Uniseum* untergebracht, das sehenswerte Museum zur Geschichte der Universität Freiburg. In Themengruppen, die sich an der sechs Jahrhunderte umfassenden Geschichte der Hochschule ausrichten, wird ein eindrucksvoller Rundgang durch die vielschichtige Freiburger Universitäts- und Wissenschaftsgeschichte präsentiert.

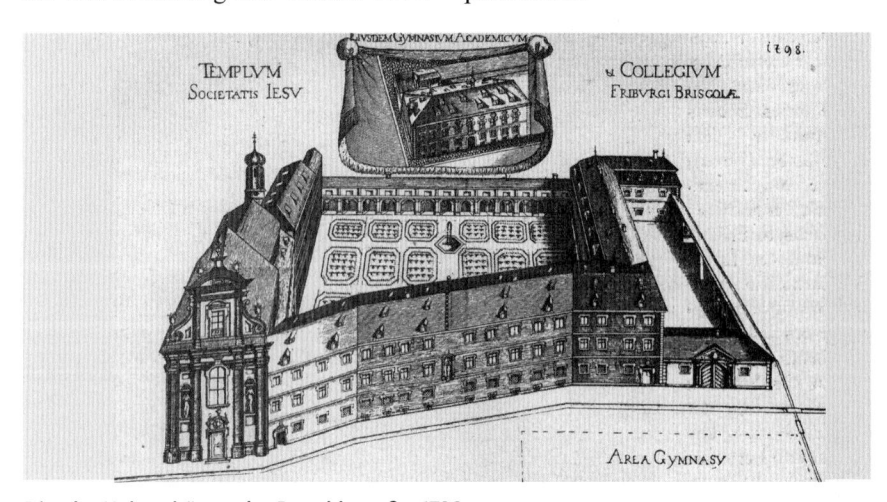

*Die alte Universität an der Bertoldsstraße, 1798*

*Am Kopfbau des Wirtschaftshofes biegen wir links in die Universitätsstraße ein und gelangen nach wenigen Metern zum Rathausplatz.*

### ❼ Neues Rathaus

*Ehemalige Universität*

*Das Neue Rathaus*

An der Stelle des Neuen Rathauses befanden sich zunächst die beiden Bürgerhäuser „Zum Rechen" und „Zum Phönix". Das aufwendige Doppelhaus-Anwesen „Zum Rechen", das sich von der heutigen Eisenbahnstraße bis zur Turmstraße erstreckte, erbaute der Freiburger Arzt *Joachim Schiller von Herdern* (1506-1555), der zeitweise als Militärarzt im französischen Heer diente. 1578 erwarb die Universität das Anwesen und verband es mit dem ihr bereits seit 1559 gehörenden Haus „Zum Phönix" zum Hauptgebäude der Universität. Bis 1774 diente das Gebäude als „Collegium Universitatis" der Rechtswissenschaftlichen Fakultät sowie den übrigen drei Fakultäten. Nach der Aufhebung des Jesuitenordens erhielt die Universität das Kollegiengebäude an der Bertoldstraße zugewiesen, lediglich die Anatomie und die Naturwissenschaften verblieben noch in der „Alten Universität". 1891 verkaufte die Universität die Gebäude an die Stadt, die von 1896 bis 1901 unter Einfügen eines Mittelteils die Anlage zum Neuen Rathaus umgestaltete.

*Ältestes Siegel der Universität*

*Das Neue Rathaus und das nordwärts anschließende Alte Rathaus sind durch die über die Turmstraße führende Seufzerbrücke miteinander verbunden.*

## ❽ Altes Rathaus

Das Alte Rathaus entstand durch die Zusammenfügung mehrerer älterer Häuser in den Jahren 1557 bis 1559. 1561 und 1600 folgten Erweiterungsbauten. Der langgestreckte Baukörper des Alten Rathauses mit asymmetrischer Anordnung der Fensterachsen läßt noch gut den ursprünglichen Bau von 1557/59 erkennen, dessen Brandmauern mit Treppengiebeln die Dachfläche durchstoßen. Beim Fliegerangriff im November 1944 brannte die Gebäudeanlage völlig aus. Der Wiederaufbau erfolgte in den Jahren 1952 bis 1954. Am wiederaufgerichteten Giebel sind die Wappen von Österreich und Freiburg, Niederösterreich und dem Oberelsaß angebracht. Über der Uhr befindet sich der Doppeladler des Alten Reiches, aufgelegt sind die Wappen Ungarns und Böhmens sowie unter dem Herzschild das von Österreich und Kastilien.

*Wir biegen nun in die Turmstraße ein und gelangen nach wenigen Metern zur tiefergelegenen Gerichtslaube.*

*Gerichtslaube, Zustand 1900*

## ❾ Gerichtslaube
Turmstraße

Das Gebäude stammt aus der Zeit kurz vor 1303 und wurde ursprünglich nur als Rathaus genutzt. Erst ab 1480 diente es auch als Gerichtsgebäude für das Schultheißengericht. Die Bezeichnung *Gerichtslaube* wurde allerdings erst dann geläufig, als im Wege von Umbaumaßnahmen 1546 im oberen Stockwerk ein großer Saal eingerichtet wurde und die beiden Stockwerke mit einer aufwendigen, überdachten Freitreppe verbunden wurden. 1497/98 fanden hier die Sitzungen des *Reichstages*

*Das alte Rathaus*

*Gerichtslaube, Zustand nach Wiederaufbau*

*Innenausstattung der Gerichtslaube*

statt, den König *Maximilian I.* (1459-1519) nach Freiburg einberufen hatte. Neben dem Schultheißengericht kam auch dem Rat, der in erster Linie die Verwaltungsgeschäfte der Stadt besorgte, die Funktion eines Gerichts zu. Von herausragender Bedeutung war hierbei die Funktion als Freiburger Oberhof. Spätestens seit dem 14. Jahrhundert war der Freiburger Rat alleiniger Oberhof für mehr als zwanzig südwestdeutsche Städte, unter ihnen Villingen, Tübingen, Überlingen, Riedlingen und Ehingen an der Donau. Die Bürger dieser Städte konnten als unterlegene Prozeßpartei ein nicht einstimmig gefälltes Urteil ihres Stadtgerichts vor den Freiburger Rat ziehen, der dann als Obergericht über die Sache zu befinden hatte.

Im Zweiten Weltkrieg wurden die Gebäude zwischen Turm- und Gauchstraße durch Luftangriff größtenteils zerstört. Von der Gerichtslaube blieben die Grundmauern, Teile der Westwand sowie die Freitreppe, wenn auch stark beschädigt, erhalten. Nachdem der Bestand aufgenommen und die Ruine gesichert worden war, gründete 1961 der Freiburger Rechtshistoriker *Hans Thieme* (*Näheres hierzu Rundgang IV, Station 16*) das „Kuratorium Gerichtslaube", das für den Wiederaufbau der Anlage eintrat und mithilfe von Spenden der Freiburger Bürgerschaft und vieler Auswärtiger die drohenden Abrisspläne des Freiburger Gemeinderats verhinderte. Im März 1975 wurde mit dem Wiederaufbau begonnen und im Juni 1979 konnte die Gerichtslaube wieder eröffnet werden.

*Außentreppe an der Gerichtslaube*

*Wenige Meter weiter erreichen wir das auf der linken Straßenseite gelegene Haus zum Schaub.*

**⑩ Haus zum Schaub**
Turmstraße 1

Das ursprünglich im Martinsturm und im Christophelsturm befindliche Gefängnis wurde später in das Haus zum Schaub verlegt. Dieses Gebäude wurde trotz seiner herkömmlichen Bauweise *Turm* benannt, wovon auch die Bezeichnung Turmstraße abgeleitet wurde. Im sogenannten „*Bürgerstüblein*" wurden festgenommene Freiburger verwahrt. Auswärtige Straftäter mußten dagegen mit dem fensterlosen *Malefikantenstübchen* Vorlieb nehmen. 1727 starb hier *Hans Fridolin Albiez* (1654-1727), einer der Anführer des „Salpeterer-Aufstandes". Der Salpetersieder und Erblehenbauer Albiez war Führer einer politisch-religiös ausgerichteten Gruppierung von Bauern aus der Grafschaft Hauenstein, die sich gegen das Stift Sankt Blasien auflehnten. Massenkundgebungen, Unterschriftensammlungen gegen die Grundherrschaft sowie die Weigerung, dem neugewählten Sankt Blasianer Abt zu huldigen, hatten zur Festnahme der Anführer geführt.

*Wir gehen die Turmstraße wieder zurück zum Rathausplatz, auf dessen Mitte sich das Denkmal für den Franziskanermönch Bertold Schwarz befindet, der in der Mitte des 14. Jahrhunderts das Schwarzpulver und die Kanone erfunden haben soll. Dieses Denkmal wurde 1852 an der Stelle des dort zunächst aufgestellten Karl-Rotteck-Denkmals (Näheres hierzu Rundgang II, Station 5) errichtet. Wir verlassen nun den Rathausplatz und begeben uns nordwärts zur Franziskanerstraße.*

*Ansicht eines mittelalterlichen Gefängnisses*

## ⑪ Erstes Universitätsgebäude
Franziskanerstraße 11

An der Ecke Merian-/Franziskanerstraße stand das erste Gebäude der 1457 von Erzherzog *Albrecht VI.* (1418-1463) gestifteten Universität Freiburg. Am 21. September 1457 wurde die Gründung durch den Stiftungsbrief Albrechts offiziell vollzogen und der Villinger Jurist *Mathias Hummel* zum ersten Rektor der Universität bestellt. Bei der Gründungsfeier im April 1460 im Freiburger Münster zitierte der erste Rektor ein Wort des Evangelisten Johannes: *Die Weisheit hat sich ein Haus gebaut.* Das Anwesen Franziskanerstraße 11 stellte die Stadt 1460 der neu errichteten Universität zur Verfügung. In ihm befanden sich die Universitätsverwaltung, das Rektorat und die Hörsäle der Medizinischen und Rechtswissenschaftlichen Fakultät. Die theologischen Lehrveranstaltungen fanden dagegen im nahegelegenen Franziskanerkloster statt, in dem auch die Theologiestudenten untergebracht wurden.

Einer der ersten Rechtslehrer war *Ulrich Kraft*, in dessen Kolleg Ulrich Zasius (*Näheres hierzu Station 16*) kanonisches Recht hörte. Neben Zasius gehörte später dessen Schüler *Joachim Mynsinger von Frundeck* (1514-1588) der Freiburger Rechtswissenschaftlichen Fakultät als Lehrer an. 1536 erhielt er den juristischen Doktorgrad und wurde anschließend Inhaber des Institutionen-Lehrstuhls, später wurde er auf Lehrstühle des Codex juris civilis und des Kanonischen Rechts berufen. Er war mehrfach Dekan der Fakultät und Rektor der Universität. 1542 erwarb er im damaligen Winzerdorf Herdern den Dinghof, später auch Weiherhof benannt, als Wohnsitz. Im Jahre 1548 verließ Mynsinger Freiburg, um in Speyer sein neues Amt als Assessor beim Reichskammergericht anzutreten, für das ihn der Oberrheinische Kreis vorgeschlagen hatte. Eine bereits 1541 durch den Schwäbischen Kreis erfolgte Präsentation zum Reichskammergericht scheiterte an Mynsingers Sympathien für den Protestantismus. Dem Gerichtshof gehörte er bis 1556 an. Anschließend wurde

*Erzherzog Albrecht, Gründer der Universität*

er in Wolfenbüttel Kanzler des Herzogs von Braunschweig. An der Gründung der Universität Helmstedt 1576 wirkte Mynsinger an entscheidender Stelle mit. Als Humanist war er zudem ein begabter Lyriker. Er pflegte vor allem die Gelegenheitsdichtung und schuf Elegien, Hymnen und Epigramme in lateinischer Sprache.

Berühmt wurde Mynsinger durch seine 1563 erstmals in Basel erschienenen *Singularium Observationum Judicii Imperialis Camerae centuriae quator*, der ersten Entscheidungssammlung von Urteilen des Reichskammergerichts. Durch dieses Werk fand die Rechtsprechung des Reichskammergerichts weite Beachtung. Die Sammlung bestand zunächst aus 400 „observationes" zum Prozeß-, Zivil- und Lehensrecht sowie weiteren „miscellanea" und erlebte bis Ende des 17. Jahrhunderts alleine 20 Auflagen. Mynsinger gilt damit als Begründer der Kameraljurisprudenz, mithin der wissenschaftlichen Befassung mit höchstrichterlichen Entscheidungen. Er mußte sich allerdings für sein – für damalige Verhältnisse ungewöhnliches – Vorgehen rechtfertigen: Nichts Geringeres als die Verletzung der richterlichen Schweigepflicht stand im Raum, weil zur damaligen Zeit die Gerichtsurteile keine Begründung aufwiesen und die von Mynsinger verfaßte Entscheidungssammlung auf den richterlichen Entscheidungsvorschlägen sowie den in den Beratungen an-

*Joachim Mynsinger von Frundeck*

gestellten Erwägungen beruhte. Sein Hinweis auf eine Druck-Erlaubnis des Kaisers, dem er sein Werk auch widmete, entzog ihn weiteren Verfolgungsmaßnahmen.

Die Universität und ihre Fakultäten erhielten das Recht, eigene Statuten festzusetzen. Die Gerichtsbarkeit über die Angehörigen der Universität stand dem Rektor zu. Ferner waren die Universitätsmitglieder und ihre Angehörigen von Zoll, Steuer und sonstigen städtischen Abgaben befreit. Die Universität war damit eine selbständige Körperschaft, eine Stadt in der Stadt. Die Freiburger Fakultät wurde im Laufe ihrer Geschichte vielfach um Gutachten und Rechtssprüche angegangen. Wie der Rechtshistoriker *Clausdieter Schott* im einzelnen aufgezeigt hat, kam der Fakultät auch die Aufgabe als Rechtsprechungsorgan zu. Während Gutachten auch heute noch in großer Zahl von den rechtswissenschaftlichen Instituten und Lehrstühlen der Universität erstellt werden, erging am 21. Juni 1878 der letzte Spruch, ein Revisionsurteil für das Fürstentum Lippe. Damit endete die 400jährige Geschichte der Fakultät als Gerichtsinstanz.

*Wir biegen nun in die Franziskanerstraße ein und erreichen nach wenigen Metern das auf der linken Seite gelegene Haus zum Walfisch, das heute Teil des Sparkassen-Ensembles ist.*

**⓬  Haus zum Walfisch**
   Franziskanerstraße 3

*Jakob Villinger von Schönenberg* (um 1480-1529), Großschatzmeister des deutschen Königs und römischen Kaisers und Bürgersohn aus Schlettstadt im Elsaß, hatte 1511 das Freiburger Bürgerrecht erworben und in der Folgezeit einige Grundstücke zwischen der heutigen Franziskaner- und der heutigen Gauchstraße übernommen. Hier ließ er das repräsentative „Haus zum Walfisch" errichten. Nach Villingers Tod wohnte im Walfisch *Desiderius Erasmus von Rotterdam* (1469-1536). Er floh 1529 aus dem reformierten Basel und fand im

*Erker am Haus zum Walfisch,*
*Zeichnung von Paul Lais (1895-1915)*

27

katholischen Freiburg Zuflucht. In diesem Haus wird wohl auch Ulrich Zasius, der mit Erasmus in enger Verbindung stand, öfters eingekehrt sein. In verschiedenen Briefen hat Erasmus seinen neuen Wohnsitz als prächtiges Gebäude bezeichnet, das für den 1519 verstorbenen Kaiser Maximilian I. errichtet worden sei. Hierauf geht die Legende zurück, der Kaiser habe den Walfisch „*als Nest für sein Alter*" bauen lassen. 1531 erwarb Erasmus das Haus zum Kindlein Jesu in der Schiffstraße. Sterbenskrank kehrte er im Mai 1536 nach Basel zurück, wo er im Juni 1536 verstarb.

*Johann Georg Schlosser*

*Wenige Minuten später erreichen wir die Kaiser-Joseph-Straße, in die wir links einbiegen. An der nächsten Straßenecke stoßen wir auf das Haus zum Gauch.*

**⓭ Haus zum Gauch**
Gauchstraße/Ecke
Kaiser-Joseph-Straße

Auf dem Eckgrundstück, später als Kaiserstraße 52 geführt, befand sich das 1360 erstmals urkundlich erwähnte Haus zum Gauch, das beim Fliegerangriff am 27. November 1944 durch Brandbomben zerstört wurde. Während seiner Amtszeit im badischen Emmendingen unterhielt Oberamtmann *Johann Georg Schlosser* (1739-1799), als Goethes Schwager weithin bekannt, Kontakte ins benachbarte vorderösterreichische Freiburg. Dort betätigte sich der Freisinnige als Gründer der ersten Freiburger Freimaurerloge, der *Loge zur edlen Aussicht*, zu deren Meister vom Stuhl er 1784 berufen wurde. Die Freiburger Freimaurer trafen sich im Haus zum Gauch in der Gauchstraße. Schlosser, leidenschaftlicher Vorkämpfer für die Unabhängigkeit der Justiz in der Markgrafschaft Baden, wurde 1790 Direktor des auf seine Anregung geschaffenen Hofgerichts in Karlsruhe. Auch dieses Richteramt versah er mit der ihm eigenen Charakterstärke (*Näheres hierzu Rundgang III, Station 8).*

*Auf der gegenüberliegenden Straßenseite sehen wir das imposante Gebäudeensemble des Basler Hofs, heute Sitz des Regierungspräsidiums Freiburg.*

## ⑭ Basler Hof
Kaiser-Joseph-Straße 167

Zu den bedeutendsten weltlichen Bauten Freiburgs gehört der Basler Hof, der sich heute über den ganzen Block zwischen Kaiser-Joseph-Straße, Engelstraße, Münsterplatz und Münstergasse erstreckt. Kernbau der Anlage ist das Stadtpalais des Universitätslehrers *Konrad Stürzel von Buchheim* (1435-1509), der Doktor des kanonischen Rechts war und zu den ersten Professoren der neu errichteten Universität Freiburg zählte. Über zwanzig Jahre wirkte er als „der Päpstlichen Rechte und Freie Künste Lehrer" an der Albertina. 1469 und 1478/79 wurde er zum Rektor der Universität gewählt. Zu seinen Schülern gehörten die elsässischen Humanisten *Johann Geiler von Kaysersberg* (1445-1510), später Professor und Rektor an der Universität Freiburg und *Jakob Wimpheling* (1450-1528) aus Schlettstadt. Sein herausragender Ruf als Jurist führte Stürzel auch ins Richteramt. Erzherzog *Sigismund* (1427-1496) ernannte ihn 1478 zum Mitglied und Kanzler des vorderösterreichischen Hofgerichts im elsässischen Ensisheim sowie 1486 zum Kanzler und Vorstand der Hofkanzlei für Österreich und Burgund. Nach längerer Krankheit starb Konrad Stürzel in seinem Stadtpalais an der damaligen Großen Gaß. Sein Sohn empfing hier 1510 Kaiser Maximilian I.

*Basler Hof*

1587 erwarb das *Basler Domkapitel*, das sich bereits seit 1529 im Freiburger Exil befand, den Stürtzelhof als Residenz- und Verwaltungsgebäude. Um 1590 ließ das Domkapitel größere Umbaumaßnahmen durchführen, wobei das Hauptportal den heutigen Rahmen im Stil der Renaissance erhielt. Nach der Besetzung Freiburgs durch französische Truppen im Jahre 1677 gaben die Basler Domkapitulare ihr Freiburger Exil auf und ließen sich im Kanton Solothurn nieder. Der Basler Hof wurde vom französischen Militärgouvernement beschlagnahmt und diente 1681 Ludwig XIV. bei der Besichtigung der französischen Festungsanlagen in Freiburg als Domizil. Nach der Rückkehr Freiburgs zum Reich im Jahre 1698 wurde der Basler Hof zum Dienstgebäude für die

*Konrad Stürzel*

*Johann Geiler von Kayserberg*

vorderösterreichische Regierung und Kammer bestimmt. Diese hatten ursprünglich im oberelsässischen Ensisheim ihren Sitz und wurden nach Abtretung der österreichischen Besitzungen im Elsaß an Frankreich 1651 nach Freiburg verlegt.

Als letzter vorderösterreichischer Regierungspräsident und Statthalter des Herzogs von Modena residierte der Jurist *Hermann Tröndlin von Greiffenegg* (1737-1807) im Basler Hof. Zuvor war er von 1768 bis 1790 zwanzig Jahre an der Universität als Direktor der juristischen Fakultät tätig gewesen. In dieser Eigenschaft hatte er auch dem Spruchkollegium der Fakultät (Oberhof) vorgesessen, das gutachterliche Anfragen von Gerichten zu beantworten hatte. An ihn erinnert heute noch das von ihm erbaute Greiffenegg-Schlößle am Freiburger Schloßberg. 1806 übernahm der badische Staat den Basler Hof und nutze ihn als Dienstsitz für das Stadtamt, später Bezirksamt sowie die Hauptsteuerverwaltung und die Domänenverwaltung. Ab 1824 war hier auch das Hofgericht des Oberrheinischen Kreises (*Näheres hierzu Rundgang II, Station 25*) untergebracht.

*Über die Engelstraße gelangen wir nach etwa fünf Minuten zur Herrenstraße. Am Eckbereich befindet sich linker Hand das ehemalige Collegium Sapentiae.*

**⑮ Sapienz**
**(Collegium Sapientiae)**
Herrenstraße 2 a

Am Anwesen Ecke Engelstraße, einem nach Ende des Zweiten Weltkriegs errichteten schlichten Gebäude, fällt die dort integrierte spätgotische Toranlage auf, deren Kielbogen ein glattes Feld mit der Inschrift „Initium Sapientiae Timor Domini" (Der Eingang zur Weisheit ist die Gottesfurcht) aufweist. Die dort zu sehenden Portale sind die einzigen Reste des einstigen „Collegium Sapientiae", das 1944 zerstört wurde. Das Kolleg wurde 1501 von dem damaligen Münsterpfarrer *Johannes Kerer* (1430-1507) als Wohn- und Unterrichtsstätte für Studenten gestiftet. Kerer gehörte zur ersten Generation der Freiburger Universitätslehrer und übte ganz unterschiedliche Tätigkeiten aus. Zunächst war er Lehrer an der Artistenfakultät und wurde dort auch zum Dekan der Fakultät gewählt. 1471 trat er vom Lehramt zurück und begann mit dem Studium der Theologie. Nach erfolgreichem Abschluß wurde ihm 1474 das Amt des Münsterpfarrers übertragen. 1481 wurde er schließlich zum Doctor juris utriusque promoviert und für das Jahr 1481/82 zum Universitätsrektor gewählt. Als Pfarrektor kaufte er das „*Haus zum Arnold*" an der Engelstraße gegenüber dem später errichteten Gebäude der Sapienz. In freund-

*Collegium Sapientiae*

31

schaftlicher Verbindung stand er mit Gelehrten aus Freiburg und dem Kreis der elsässischen Humanisten, unter ihnen Ulrich Zasius, Konrad Stürtzel sowie Jacob Wimpfeling und Gregorius Reisch. 1493 wurde Kerer in das Amt des Augsburger Weihbischofs berufen.

*Wir gehen nun die Herrenstraße Richtung Süden und erreichen wenig später den Standort des früheren Hauses zum Wolfseck.*

*Johannes Kerer als Weihbischof von Augsburg*

### ⓰ Haus zum Wolfseck
(Wohnhaus Ulrich Zasius)
heutige Herrenstraße 7

1493 kam der 1461 in Konstanz geborene Ulrich Zasius nach Freiburg. In Tübingen hatte er die Artistenfakultät besucht und 1489 die Stelle eines Stadtschreibers in Baden im Aargau erhalten. In dieser Zeit wirkte er auch als Notar. In Freiburg wurde er 1494 als Stadtschreiber eingestellt. Bereits 1496 gab er diese Tätigkeit auf und übernahm die Leitung der Freiburger Lateinschule. Drei Jahre später legte er dieses Amt nieder und nahm an der Freiburger Juristen-Fakultät das Studium der Rechte auf. Anfang des Jahres 1501 wurde er zum legum doctor promoviert. 1502 wurde er Gerichtsschreiber und zugleich Rechtskonsulent der Stadt. Damit erhielt er auch den Auftrag, das bisherige Freiburger Stadtrecht zu reformieren. Diese Aufgabe hat er vorzüglich erfüllt und konnte 1520 die *Nüwen Stattrechte zu Fryburg im Prissgow* vorlegen. Das Freiburger Stadtrecht ist und bleibt sein „gesetzgeberisches Meisterwerk" (Hans Thieme). Für spätere Stadt- und Landrechtserneuerungen wurde das Freiburger Stadtrecht als Muster herangezogen, insbesondere für das Berner Stadtrecht, das württembergische Landrecht und weitere oberdeutsche Rechtsbücher. Auch die Geltungsdauer des Freiburger Stadtrechts war beachtlich. Bis 1784 hatte es unmit-

*Ulrich Zasius*

telbar gegolten, subsidiär sogar bis zur Einführung des Badischen Landrechts im Jahre 1810.

Seit 1506 war Zasius ferner Nachfolger seines aus Pavia stammenden Lehrers Paolo Cittadino (Paulus de Cittadinis) in der lectura ordinaria legum. 1508 wurde er zudem von Kaiser Maximilian I. zum „consilarius imperialis" ernannt. Dem Reichstag, dem Reichskammergericht, dem Erzherzog *Ferdinand I.* (1503-1564), dem badischen Markgrafen, vielen Dynasten und Magistraten hat er seinen geschätzten Rechtsrat erteilt. Zasius hat als Rechtslehrer, Gesetzgeber sowie Praktiker herausragende Leistungen erbracht. Er gilt zu Recht als der bedeutendste deutsche Jurist an der Wende des 15. zum 16. Jahrhundert (Franz Wieacker). Er war neben Erasmus von Rotterdam und dem Straßburger Juristen und Schriftsteller Sebastian Brant (1457-1521) eine der Humanistengrößen der „*Sodalitas Litteria Rhenana*". Viele bedeutende Juristen waren seine Schüler, so die Brüder Basilius und Bonifacius Amerbach aus Basel, Joachim Mynsinger von Frundeck, Johann Sichard sowie sein eigener Sohn Johann Ulrich Zasius.

Der für das heutige Zivilrecht gebräuchliche Rechtsbegriff der „*vertretbaren Sache*", der res fungibilis, geht auf Zasius zurück. Noch *Friedrich Carl von Savigny* (1779-1861) und *Bernhard Windscheid* (1817-1892) haben sich entschieden gegen diese, wie sie meinten, „barbarische" Bezeichnung gewandt, während Zasius „novo nostro vocabulo" von den Kodifikationen des ausgehenden 19.

*Erasmus von Rotterdam*

Jahrhunderts – wie etwa dem Handelsgesetzbuch, der Zivilprozessordnung und schließlich dem Bürgerlichen Gesetzbuch – als einprägsamer Rechtsbegriff übernommen wurde. Einer seiner wichtigsten Lehrsätze lautete: „Treu und Glauben bei der Auslegung von Verträgen ist das Fundament jeder Gerechtigkeit". Diese Aussage gilt, wie einschlägige Entscheidungen des Bundesgerichtshofs bestätigen, auch für die heutige Zeit.

Seinen Lebensmittelpunkt fand Zasius im *Haus zum Wolfseck* am Fuß des Schloßberges, es wurde zu einem

*Titelblatt des Stadtrechts*

Brennpunkt geistigen Lebens (Hans Thieme). Aus dem Mieter wurde bald der Eigentümer dieses stattlichen Gebäudes. Hier wohnte er mit Frau und Kindern, studentischen Kostgängern – unter ihnen Basilius und Bonifacius Amerbach – sowie Famuli. Mit großem Vergnügen berichtete er seinen Schülern anläßlich des Studiums der Servituten, wie er durch Anbau an seinem Haus dem ihm benachbarten, aber verfeindeten Fakultätskollegen Dr. Odernheim mangels Lichtrecht ein Fenster zubauen konnte. In dem weiträumigen Anwesen blieb er bis zuletzt; auch nachdem seine Frau im Dezember 1519 an der Pest gestorben war und eine zweite Frau ihm noch

*Inhaltsübersicht des Stadtrechts*

*Ulrich Zasius im Rechtshistorischen Museum in Karlsruhe*

vier weitere Kinder geschenkt hatte. Während des Bauernkrieges, in dessen Verlauf der schwäbische Haufen Freiburg besetzte, mußte er gar schwere Schäden an seinem Haus hinnehmen, als dort eine achtpfündige Eisenkugel einschlug. Am 24. November 1535 starb Zasius nach kurzer Krankheit in Freiburg. Die Totenklage stammte aus der Feder seines Freundes Erasmus von Rotterdam. 1550 erschienen die eindrucksvollen *Zasii Opera Omnia* in sechs Bänden. Die Gesamtausgabe besorgten Joachim Mynsinger von Frundeck sowie Johann Ulrich Zasius und Nikolaus Freigius. Das bedeutende Gesamtwerk wurde im Hinblick auf Zasius' anfängliches Eintreten für die Frühreformation 1558/59 in den römischen „Index librorum prohibitorum" aufgenommen, obgleich Zasius bis zu seinem Tode der katholischen Kirche angehörte.

*Nach wenigen Metern gelangen wir zum rückwärtigen Bereich des Münsters und wenden uns nach Süden. Wir passieren die Alte Wache (Näheres hierzu Rundgang II, Station 21) so-*

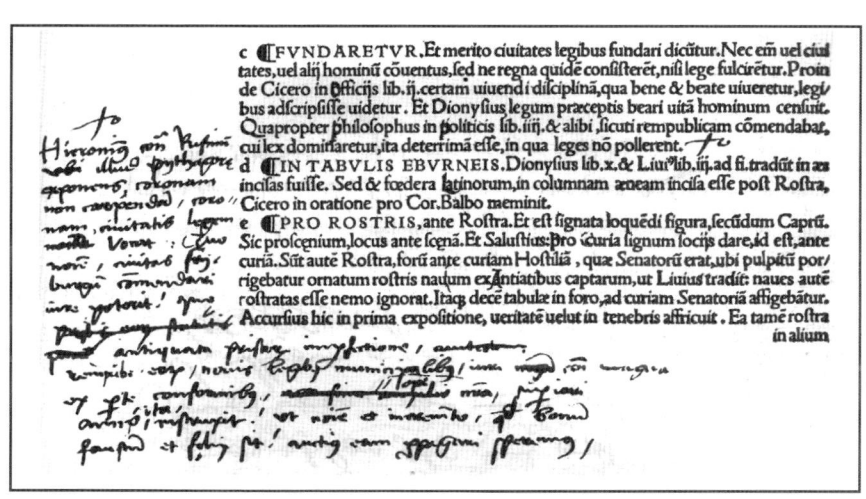

*Text mit handschriftlichen Korrekturen von Zasius*

*wie das Wentzinger-Haus, in dem sich heute das eindrucksvolle stadtgeschichtliche Museum befindet. Hier können wir auch ein Originalexemplar der „Nüwen Stattrechte zu Fryburg im Prissgow" von Ulrich Zasius einsehen. Wenig später erreichen wir das Historische Kaufhaus.*

### ⓱ Historisches Kaufhaus

Es enthielt die Kanzleistuben der Regierung und die städtische Finanzverwaltung. Das alte Kaufhaus diente zudem den nichteinheimischen Kaufleuten als Stapel- und Verkaufsplatz. Die städtische Finanzverwaltung erhob hier von den Kaufleuten Zölle und sonstige Abgaben.

### ⓲ Münster

Das als Pfarrkirche und Grablege der Zähringer um 1200 begonnene Münster ist auch rechtsgeschichtlich von Interesse. Das Blutgericht, das bis in das 17. Jahrhundert im Freien tagte, wurde mit der Münsterglocke vor das Portal des Münsters einberufen. Dort oder auf dem südlich gelegenen Friedhof wurde dann Gericht abgehalten. Auch soll zuweilen der Chor des Münsters als Gerichtsstätte gedient haben.

Am Fuße des Münsterturms im Bereich des Hauptportals finden sich noch heute mittelalterliche Normmaße, die seit dem 13. Jahrhundert dort angebracht und deren Beachtung unter Androhung strafrechtlicher Sanktionen auch durchgesetzt wurden. Im

*Historisches Kaufhaus*

*Blick auf das Münster vom Schloßberg*

einzelnen sind Längenmaße, Brotgrößen, Kornmaß, den Zuber für Holzkohle sowie Maße für Bodenplatten, Mauer- und Dachziegel zu sehen. In der im Münsterchor befindlichen, in den Jahren nach 1505 fertig gestellten Universitätskapelle ist noch heute das Grabmal Ulrich Zasius zu sehen. Der von der Stadt Freiburg errichtete Epitaph trägt die Inschrift: *Der ausgezeichnete Anwalt, tüchtige Lehrer und hochverdiente Gesetzgeber.*

Dem *Münsterplatz* kam als Versammlungsraum im Stadtleben stets eine besondere Bedeutung zu, in erster Linie natürlich als Marktplatz. Aber auch als Austragungsort für Sanktionsmaßnahmen wurde er genutzt. So sollen auf Anordnung von Erzherzog Ferdinand I. im Jahre 1522 bei Hausdurchsuchungen in Freiburg über 2.000 reformatorische Schriften beschlagnahmt und 1525 durch den Scharfrichter auf dem Münsterplatz verbrannt worden sein.

*Vom Münsterplatz wenden wir uns über die Münstergasse zur Kaiser-Joseph-Straße und sind in wenigen Minuten wieder an unserem Ausgangspunkt, dem Bertoldsbrunnen, an der Ecke zur Salzstraße.*

*Der Münsterplatz mit dem St. Georgsbrunnen*

# Zweiter Rundgang

## Karl von Rotteck
## und die Badische Justiz

*Karl von Rotteck*

# Zweiter Rundgang

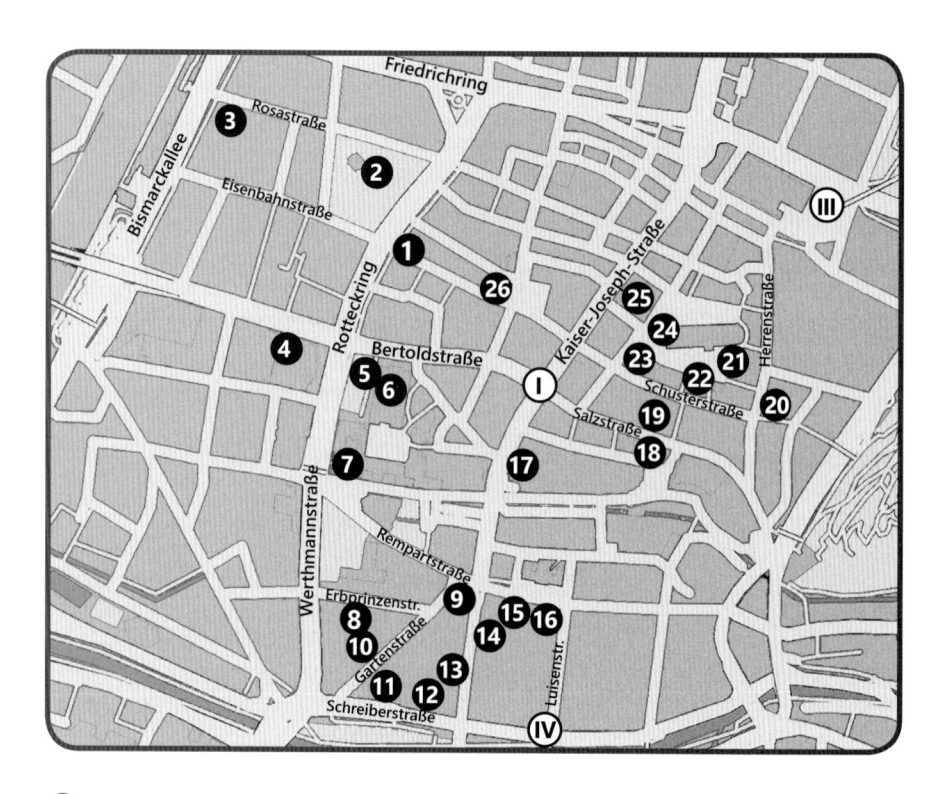

(I) *Anschluß zum Ersten Rundgang*

(III) *Anschluß zum Dritten Rundgang*

(IV) *Anschluß zum Vierten Rundgang*

# Zweiter Rundgang: Karl von Rotteck und die Badische Justiz

*Dieser Rundgang, bei dem neben den Gebäuden des Amtsgerichts, des Landgerichts sowie der Freiburger Zivilsenate des Oberlandesgerichts Karlsruhe Erinnerungsorte aus der Freiburger Justizgeschichte des 19. und 20. Jahrhunderts – insbesondere aber das Wirken des Staatsrechtslehrers und Landtagsabgeordneten Karl von Rotteck – im Vordergrund stehen, führt über den Rotteckring in die im 19. Jahrhundert erschlossene, südlich gelegene Stephanienvorstadt und von dort in den Kernbereich der Innenstadt zurück. Ausgangs- und Endpunkt dieses Rundganges ist das ehemalige Wohnhaus von Karl von Rotteck am nördlichen Rotteckring.*

*Stationen: Ehemaliges Rottecksches Wohnhaus, Colombi-Schlößle, Wohnhaus und Anwaltskanzei Ferdinand und Hermann Kopf, Rechtsanwaltskammer Freiburg, Rotteck-Denkmal, Kollegiengebäude II, Kollegiengebäude I, Ehemalige Anwaltskanzlei und Wohnhaus Sinauer, Ehemaliges Wohnhaus Karl Theodor Welcker, Ehemalige Anwaltskanzlei und Wohnhaus Robert Grumbach, Anwaltskanzlei und Wohnung Maria Plum, Wohnung Fritz Pringsheim, Ehemalige Wohnung von Reichlin von Meldegg, Staatsanwaltschaft Freiburg, Justizgebäude am Holzmarkt, Amtsgericht Freiburg, Ehemalige Anwaltskanzlei Bader am Martinstor, Ehemalige Deutschherrenkommende (Neues Justizgebäude), Sickingen-Palais (Landgericht Freiburg), Erzbischöfliches Ordinariat, Ehemalige Hauptwache, Historisches Kaufhaus, Haus zum Ritter, Münster, Basler Hof, Neues Rathaus.*

**❶ Ehemaliges Rottecksches Wohnhaus**
Rotteckring/
Ecke Rathausgasse

Zu Beginn der Dreißiger Jahre des 20. Jahrhunderts erhielt der städtische Oberbaurat *Joseph Schlippe* (1885-1970) die Aufgabe übertragen, für das Städtische Verkehrsamt ein neues Dienstgebäude zu entwerfen. Schlippes Neubau setzt sich aus zwei Baukörpern zusammen, die einen Innenhof im Norden und Westen umgeben. Den Südflügel bildet das umgebaute Rottecksche Wohnhaus. Eine Tafel an der Fassade dieses Hausabschnitts erinnert an den engagierten Freiburger Staatsrechtslehrer und Politiker *Karl von Rotteck* (1775-1840). Nunmehr ist in dem Gebäudekomplex die Abteilung Forst des Regierungspräsidiums Freiburg untergebracht. Zukünftig soll das Gebäude als NS-Dokumentationszentrum dienen.

*Rotteckhaus mit Schwarzem Kloster*

Rotteck wurde am 18. Juli 1775 als Karl Wenzeslaus Rodecker in Freiburg geboren. Sein Vater lehrte praktische Medizin an der Freiburger Universität. 1789 wurde der Vater als Proto-Medicus der vorderösterreichischen Lande in den erblichen Adelsstand erhoben und nahm den Namen „von Rotteck" an. Karl Rotteck wurde nach dem Studium der Rechtswissenschaften 1797 in Freiburg zum Doktor beider Rechte promoviert. Bereits 1798 erhielt er den Lehrstuhl für allgemeine Weltgeschichte an der Freiburger Universität übertragen. 1818 wechselte er auf den höher dotierten Lehrstuhl für Naturrecht und Staatswissenschaften der rechtswissenschaftlichen Fakultät. Bereits in diesem Jahr äußerte sich Rotteck zur gerade in Kraft getretenen neuen badischen Landesverfassung: Diese Verfassung sei die „Geburtsurkunde des badischen Volkes" und werde die Breisgauer, Durlacher und Markgräfler zu einer neuen und höheren politischen und sozialen Einheit zusammenführen.

Rotteck war auch ein erfolgreicher Buchautor. Seine neunbändige, in den Jahren 1812 bis 1826 konzipierte *Universale Weltgeschichte* erreichte bis 1840 eine Auflage von über 100.000 Exemplaren. Den größten Erfolg erzielte er mit dem – zusammen mit seinem Hochschul- und Landtagskollegen *Karl Theodor Welcker* (*Näheres hierzu nachfolgende Station 9*) – 1834 erstmals herausgegebenen fünfzehnbändigen *Staatslexikon*. Dieses bedeutende Werk wurde im Vormärz als klassisches Hausbuch des Liberalismus (Thomas Nipperdey) zum Katechismus der modernen Verfassungsbewegung, weit über die badischen Grenzen hinaus. Besondere

*Karl von Rotteck*

*Das Badische Ständehaus in Karlsruhe*

Verdienste erwarb sich Rotteck auch um den Erhalt der von der Auflösung bedrohten Freiburger Universität. Zum Dank wurde er bereits 1819 von der Hochschule in die Erste Kammer des Badischen Ständehauses nach Karlsruhe entsandt, wo er alsbald einer der führenden Köpfe der liberalen Fraktion wurde. Sein Eintreten für Reformen – so hinsichtlich der endgültigen Abschaffung der Frondienste und Zehntleistungen in den neubadischen Gebieten – machte ihn insbesondere auch bei der Landbevölkerung beliebt. Später wirkte er als Abgeordneter in der Zweiten Badischen Kammer. Auch hier setzte er sich als Vorkämpfer der westlichen Verfassungsideen (Ernst Rudolf Huber) vehement für demokratische und rechtsstaatliche Forderungen ein. Hierzu gehörten in erster Linie die strikte Trennung von Justiz und Verwaltung auch in der Eingangsinstanz, die Einführung des Mündlichkeitsprinzips für das Gerichtsverfahren sowie die Errichtung von Schwurgerichten. Viele seiner Forderungen wurden erst nach seinem Tode verwirklicht. Hinsichtlich der Frage der Emanzipation der Juden wandte Rotteck sich allerdings gegen eine weitere Gleichstellung mit den christlichen Staatsbürgern. In seinen Kammerreden zeigte sich eine tiefe Abneigung gegen das Judentum, was bei vielen Liberalen ein negatives Echo auslöste.

Besonders hervorgetan hat sich Rotteck bei der Durchsetzung des liberalen badischen Pressegesetzes vom 28. Dezember 1831, das erstmals die Pressefreiheit einführte. Das moderne Gesetz ermöglichte die Gründung vieler liberaler Zeitungen, wozu auch der von Rotteck und Welcker sowie ihrem Fakultätskollegen *Johann Georg Duttlinger* (*Näheres hierzu Rundgang III, Station 9*) herausgegebene *Freisinnige* in Freiburg gehörte. Das fortschrittliche Pressegesetz stand allerdings im Widerspruch zu den reaktionären Karlsbader Beschlüssen des Deutschen Bundes, die auch im Hinblick auf den in § 17 der badischen Landesverfassung anerkannten Vorrang des Bundespresserechts zu beachten waren. Mit Bundesbeschluß vom 5. Juli 1832 wurde das badische Pressegesetz für bundeswidrig erklärt (Bundesrecht bricht Landesrecht) und die badische

*Rottecks Schrift zum Badischen Landtag von 1831, 1833*

Regierung zur sofortigen Suspendierung der erlassenen Regelungen aufgefordert. Wenige Wochen später wurde das Landesgesetz durch großherzogliche Verordnung wieder aufgehoben und die freiheitlichen Zeitungen verboten.

Rotteck wie auch Welcker wurden zudem als Professoren entlassen. Die 1833 erfolgte Wahl Rottecks zum Freiburger Bürgermeister wurde von der Karlsruher Regierung nicht bestätigt; schließlich verzichtete er auf dieses Amt. In der Zweiten Badischen Kammer vertrat er seine liberalen Positionen unbeugsam weiter. Dem Beitritt Badens zum von Preußen dominierten Zollverein, der auf wirtschaftlichem Gebiet die Einheit Deutschlands vorantreiben sollte, stand Rotteck ablehnend gegenüber. In diesem Zusammenhang prägte er den berühmt gewordenen und auch für spätere Zeitepochen bedeutsamen Ausspruch *Lieber Freiheit ohne Einheit als Einheit ohne Freiheit*. Am 26. November 1840 verstarb er in seinem Freiburger Wohnhaus. Dort wurde er in den beiden folgenden Tagen öffentlich aufgebahrt. Eine große Zahl von Bürgern, Studenten und Landsleuten nahm Abschied von dem populären Volksvertreter.

Wenige Wochen nach seinem Tod kam bereits der Gedanke auf, für Rotteck ein Denkmal zu schaffen. Ein Komitee begann erfolgreich in ganz Deutschland Geld für die Verwirklichung dieses Planes zu sammeln. Mit der Ausführung wurde zunächst der namhafte Münchener Bildhauer *Ludwig Schwanthaler* (1802-1848) beauftragt, der die zugesagte Übernahme des Auftrags auf Druck seines Landesherrn zurückzog. Schließlich erhielt der Künstler *Johann Nepomuk Zwerger* (1796-1868) aus Frankfurt am Main den Auftrag. Nach Guß der Büste wurde der Unterbau aus heimischem Granit nach Entwurf des Straßburgers Bildhauers *Andreas Friedrich* (1798-1877) angefertigt. Erst im Oktober 1848 konnte das Denkmal auf dem Rathausplatz aufgestellt werden; die Enthüllung wurde Ende Mai 1850 vollzogen. Im folgenden Jahr beschloß der Freiburger Stadtrat das

*Das Rotteckdenkmal vor dem ehemaligen Wohnhaus*

Rotteckdenkmal in einen Brunnen umzuwandeln, schließlich wurde an dieser Stelle das 1852 enthüllte Brunnenmonument für Berthold Schwarz errichtet, das sich auch heute noch an dieser Stelle befindet. Die Büste Rottecks verschwand in den unteren Saal der Universitätsbibliothek und wurde erst im Herbst 1861, als in Karlsruhe bereits die liberale, auf die Parlamentsmehrheit gestützte Regierung Stabel/Lamey amtierte, vor dem Rotteckschen Wohnhaus feierlich aufgestellt. Doch damit sollte der Standortwechsel noch nicht sein Ende gefunden haben. 1937 wurde das Denkmal aufgrund der geänderten Verkehrsplanung an die Nordostecke der höheren Bürgerschule gegenüber dem Kollegiengebäude I versetzt. Diese Schule trug seit 1920 Rottecks Namen.

Zu erinnern ist an dieser Stelle auch an den gleichnamigen Sohn von Rotteck, *Karl von Rotteck* (1806-1898), der hier aufwuchs. Er war seit 1838 als Advokat beim Hofgericht Freiburg tätig. Rotteck jun. war überzeugter Republikaner und beteiligte sich an der badischen Revolution. 1849 wurde er für kurze Zeit provisorischer Direktor des Oberrheinkreises. Nach der Niederschlagung des Maiaufstands floh er in die Schweiz und Frankreich. 1850 emigrierte er in die USA.

*Wir überqueren nun den Rotteckring über die Fußgängerampel und treten über die Eisenbahnstraße in den erholsamen Colombipark ein. Nach wenigen Metern erreichen wir das auf der Anhöhe befindliche Colombischlößle.*

## ❷ Colombischlößle
Rotteckring 2

Die am besten erhaltene Bastei der von dem französischen Festungsbaumeister *Sébastien le Prestre de Vauban* (1633-1707) im Auftrag von König Ludwig XIV. angelegten Festungsanlage ist die Bastion Saint-Louis, benannt nach dem Schutzheiligen des Königs. Hier werden auch heute noch am südlichen und westlichen Hang Reben gehalten, die ursprünglich nach der Entfestigung Freiburgs Mitte des 18. Jahrhunderts angelegt wurden. Auf der Mitte dieser Erhebung errichtete 1859 bis 1861 der Freiburger Architekt *Georg Jakob Schneider* (1809-1883) für die spanische Gräfin *Maria Antonia Gertrudis de Zea Bermudez y Colombi* (1809-1863) eine herrschaftliche Villa im neogotischen Stil. Das als Witwensitz vorgesehene Gebäude, das alsbald im Volksmund als Colombischlößle bezeichnet wurde, konnte nicht lange diesem Zweck dienen, weil die Gräfin bereits 1863 verstarb. Deren Angehörige veräußerten die Villa und das damals noch weiträumige Areal wenige Jahre später an einen Todtnauer Fabrikanten, der einen Teil des Geländes parzellierte und im Bereich der heutigen Colombi- und Rosastraße bebauen ließ. 1899 konnte schließlich die Stadt Freiburg das Colombischlößle erwerben und nutzte es für verschiedene Zwecke.

Nach dem Zweiten Weltkrieg stellte die Stadt das Anwesen der Badischen Staatskanzlei zur Verfügung. Am 9. Januar 1947 nahm die Kanzlei in den 20 Räumen ihren Dienst auf. Für einen Monatsbetrag von 50 Reichsmark wurde die Überwachung des Objekts der Freiburger Wach- und Schließgesellschaft übertragen. Ein Polizeibeamter wurde zusätzlich abgestellt, der den Ministern und Offizieren der französischen Besatzungsmacht beim Betreten der Staatskanzlei die Ehrenbezeigungen zu erweisen hatte. Ein Schilderhäuschen in den badischen Farben gelb-rot-gelb gewährte ihm bei schlechtem Wetter Schutz. Von hier aus regierte Staatspräsident *Leo Wohleb* (1888-1955) das 1947 in der damaligen französischen Besatzungszone gebildete Land (Süd-) Baden, das 1952 in das neue Land Baden-Württemberg aufging.

*Das Colombischlößle*

*Bundesrichter der ersten Stunde:
Karl Selowsky aus Freiburg*

Der erste Bundesrichter aus Freiburg, der an den Bundesgerichtshof berufen wurde, war *Karl Selowsky* (1889-1960). Als Berliner Rechtsanwalt wurde er von den Nazis aus dem Beruf verdrängt und konnte noch rechtzeitig emigrieren. Als Offizier der französischen Fremdenlegion kehrte er nach Deutschland zurück und war sodann als Ministerialrat in der südbadischen Staatskanzlei im Colombischlößle tätig. Selowsky nahm am 2. Oktober 1950 im Erbgroßherzoglichen Palais in Karlsruhe seine Arbeit als Bundesrichter auf. Er wurde dem für Handels- und Gesellschaftsrecht zuständigen II. Zivilsenat zugewiesen, dem er zuletzt als dessen stellvertretender Vorsitzender bis zu seiner Pensionierung 1957 angehörte.

Im Mai 1951 wurde in der Staatskanzlei die Antragschrift für das erste vor dem Bundesverfassungsgericht verhandelte Verfahren erstellt und unter dem Datum 25. Mai 1951 nach Karlsruhe versandt. Das Verfahren bezog sich auf das Bundesgesetz über die Neugliederung in den Ländern Baden, Württemberg-Baden und Württemberg-Hohenzollern. Danach wurde die Bildung eines einheitlichen Bundeslandes („Südweststaat") angestrebt und hierfür sollte am 16. September 1951 eine Abstimmung in vier Abstimmungsbezirken stattfinden. Nach der gesetzlichen Regelung war vorgesehen, daß für die Bildung des neuen Bundeslandes eine Mehrheit in drei Bezirken ausreicht. Diese Regelung rügte die badische Staatsregierung als verfassungswidrig. Bereits einen Tag nach dem Zusammentreten des Bundesverfassungsgerichts im Karlsruher Prinz-Max-Palais hob der Zweite Senat unter Vorsitz des Vizepräsidenten *Rudolf Katz* (1895-1961) im Rahmen

*Das Erbgroßherzogliche Palais in Karlsruhe, seit 1950 Sitz des Bundesgerichtshofs*

47

einer einstweiligen Anordnung den anberaumten Abstimmungstermin auf. Zugleich wurde die Festsetzung eines neuen Abstimmungstermins der Entscheidung im Hauptsacheverfahren vorbehalten. Die aufwendige mündliche Verhandlung in diesem Verfahren fand am 2., 3. und 4. Oktober mit zahlreichen Verfahrensbeteiligten statt, das Land Baden wurde durch den Freiburger Rechtsanwalt und Bundestagsabgeordneten *Hermann Kopf* (*Näheres nachfolgende Station 3*) vertreten. Am 23. Oktober 1951 wurde das Urteil verkündet. Sechs der zwölf Richter hielten die Klage für begründet, die übrigen dagegen nicht. Nach den auch heute noch maßgeblichen Verfahrensregeln waren damit die beanstandeten gesetzlichen Maßnahmen als ordnungsgemäß anzusehen.

*Prinz-Max-Palais in Karlsruhe, erstes Amtsgebäude des Bundesverfassungsgerichts*

1956 entschied allerdings der gleiche Senat auf Antrag des Heimatbundes Badenerland, der das satzungsgemäße Ziel einer Wiederherstellung des Freistaats Baden in den Grenzen von 1933 verfolgte und ebenfalls durch Rechtsanwalt Hermann Kopf vertreten wurde, der Abstimmungsmodus von 1951 sei rechtswidrig. Die danach maßgebliche Mehrheit in drei der vier Abstimmungsbezirke führe zur Majorisierung des Willens der badischen Bevölkerung und stehe nicht in Einklang mit dem Grundgesetz. Mit Urteil vom 30. Mai 1956 wurde angeordnet, daß das vom Heimatbund beim Bundesinnenminister beantragte und zunächst abgelehnte Volksbegehren auf dem Gebiet des früheren Freistaats Baden durchzuführen ist. Eine besondere Fristsetzung, bis wann die Abstimmung abzuhalten ist, erschien dem Senat allerdings entbehrlich. Dies führte dazu, daß das Begehren erst 1970 anberaumt wurde und nunmehr die normative Kraft des Faktischen zu Gunsten des Südweststaates entschied.

Nach der Auflösung der Staatskanzlei im Jahre 1952 diente das Colombi-Schlößle als Sitz von zwei badischen Obergerichten. Zunächst übernahm der Badische Verwaltungsgerichtshof (*Näheres zur Verwaltungsgerichtsbarkeit in Freiburg Rundgang IV, Station 5 und 8*) das Colombischlößle als Dienstsitz und verblieb dort bis

*Urteilsverkündung im Südweststaatsprozeß durch Vizepräsident Rudolf Katz am 23. Oktober 1951*

1958. In diesem Jahr wurde mit Errichtung des Verwaltungsgerichtshofs Baden-Württemberg in Mannheim ein einheitliches Obergericht für die Verwaltungsrechtspflege im neuen Bundesland geschaffen und die bisherigen Verwaltungsgerichtshöfe in Freiburg, Tübingen-Bebenhausen und Stuttgart mit Außenstelle in Karlsruhe aufgelöst.

Schon vor der Verabschiedung der südbadischen Landesverfassung im Mai 1947 hatte für Südbaden im März 1946 das Badische Oberlandesgericht Freiburg, (*Näheres hierzu nachfolgende Station 4)* als Nachfolger des in der amerikanischen Besatzungszone befindlichen Oberlandesgerichts Karlsruhe, das in den ersten Nachkriegsjahren nur als Außenstelle des Oberlandesgerichts Stuttgart bestand, seine Arbeit aufgenommen. Zwar wurde mit Bildung des Landes Baden-Württemberg wieder die ursprüngliche Aufteilung in die beiden Oberlandesgerichtsbezirke Karlsruhe und Stuttgart hergestellt und die auf Veranlaßung der französischen Militärregierung errichteten Oberlandesgerichte Freiburg und Tübingen aufgelöst. In den damaligen Verhandlungen gelang es aber das bisherige Oberlandesgericht Freiburg, was die beiden Zivilsenate anging, als Freiburger Außensenate des Oberlandesgerichts Karlsruhe aufrechtzuerhalten. An diesem Rechtszustand hat sich bis heute nichts geändert. Der Bestand umfaßt nunmehr sieben Außensenate. Ende 1959 bezogen die Freiburger Zivilsenate das Colombi-

*Colombischlößle, Rückseite*

schlößle als neuen Dienstsitz. Raumnot erzwang 1977 die Aufgabe dieses schönen Standorts. Nach fast zehnjähriger Unterbringung in Mieträumen in der Habsburgerstraße konnte schließlich den Freiburger Außensenaten die zwischenzeitlich wieder aufgebaute Deutschordenskommende in der Salzstraße (*Näheres hierzu nachfolgende Station 18*) als endgültiger Dienstsitz zugewiesen werden.

Seit Herbst 1983 befindet sich im Colombischlößle das städtische Museum für Ur- und Frühgeschichte. Freiburger Bürger, die Stadt und die Universität haben den Grundstock für dieses eindrucksvolle Museum geschaffen.

*Vom Hauptportal des Colombischlößle gehen wir wenige Schritte am Gebäude entlang nordwärts und folgen dem an der Nordseite der Anlage befindlichen abwärts führenden Weg Richtung Westen zum Zugang zur Rosastraße. Beim Überqueren der Colombistraße sehen wir in nördlicher Richtung das schlichte Gebäude des Staatsarchivs Freiburg, Colombistraße 4. Die heutige Abteilung 3 der Landesarchivdirektion Baden-Württemberg wurde 1947 als Badisches Landesarchivamt errichtet und bewahrt die ab dem 19. Jahrhundert entstandenen südbadischen Bestände auf.*

*Wir folgen nun der Rosastraße bis zur Ecke Bismarckallee. Dort sehen wir bereits das markante Gebäude der Villa Kopf, ein Kulturdenkmal im Sinne des Denkmalschutzgesetzes.*

❸ **Wohnhaus und Anwaltskanzlei Ferdinand und Hermann Kopf**
Bismarckallee 16

*Hermann Kopf* wurde am 29. Mai 1901 in Freiburg als Sohn des Rechtsanwalts und Landtagsabgeordneten *Ferdinand Kopf* (1857-1943) geboren. Ferdinand Kopf ließ sich 1884 als Rechtsanwalt in Freiburg nieder. Nebenamtlich war er als Justitiar des Erzbischöflichen Ordinariats tätig. Kopf war Mitglied des Zentrums und wirkte lange Jahre als Landtagsabgeordneter (1895-1898, 1903-1921) in Karlsruhe; im Kriegsjahr 1918 wurde er zum Präsidenten der Zweiten Badischen Kammer bestellt. Wegen seiner vielfältigen Verdienste verlieh ihm die

*Ferdinand Kopf*

Stadt Freiburg die Ehrenbürgerwürde; die Rechtswissenschaftlichen Fakultät ernannte ihn zum Ehrendoktor. Er starb am 24. Mai 1943 in Freiburg.

Nach dem Besuch des humanistischen Bertoldgymnasiums studierte Hermann Kopf Rechtswissenschaften in seiner Heimatstadt sowie in München und Kiel. 1925 wurde er zum Doktor der Rechte promoviert; seine Dissertation befaßte sich mit dem damals wie heute aktuellen Thema *Der Rhein im internationalen Recht*. Sodann war er bis 1930 als Regierungsrat im badischen Innenministerium in Karlsruhe tätig. Anschließend kehrte er nach Freiburg zurück, um in die Anwaltskanzlei seines Vaters einzutreten. Bei dem verheerenden Luftangriff am 27. November 1944 auf Freiburg verlor er seine junge Frau und die beiden gemeinsamen Kinder. Nach dem Ende des Zweiten Weltkriegs trat er der Badisch-Christlichen Volkspartei, der späteren südbadischen CDU, bei. Er wurde für diese Partei deren erster Freiburger Abgeordneter im 1949 gewählten Deutschen Bundestag. Sein Mandat behielt er auch in den nachfolgenden Legislaturperioden bei. Von 1960 bis zu seinem Ausscheiden aus dem Parlament im Jahre 1969 war er Vorsitzender des außenpolitischen Ausschusses des Bundestages und prägte als namhafter Außenpolitiker die Außenpolitik der jungen Bundesrepublik. Daneben war er auch Abgeordneter im Europaparlament und Mitglied in internationalen Organisa-

*Hermann Kopf*

51

**Helmut Engler**

tionen. Seine Neigungen gehörten auch der Geschichte, insbesondere der badischen Regionalgeschichte. So verfaßte er zahlreiche Abhandlungen zur Landeskunde und Freiburger Geschichte. Am 5. Mai 1991 ist Hermann Kopf in Freiburg verstorben.

Anläßlich der Feierstunde zum 100. Geburtstag von Hermann Kopf hielt der frühere baden-württembergische Wissenschaftsminister und langjährige Freiburger Rechtslehrer *Helmut Engler* (1926-2014), einst selbst als Referendar in der Kanzlei Kopf tätig und mit ihm bei den Verhandlungen zum Südweststaatsprozeß in Karlsruhe vor Ort, die Gedenkrede. Er hob treffend hervor, für ihn – Kopf – sei die vielen Menschen im alemannischen Raum eigene Verbindung von Heimatliebe und Weltoffenheit charakteristisch gewesen.

*Anschließend gehen wir die Rosastraße wieder zurück und betreten nochmals den Colombipark. Diesmal passieren wir die Rückseite des Colombischlößles und genießen den Blick auf die Gebäudefassade der gegenüber liegenden Colombistraße. Dann wenden wir uns den Rebstöcken zu und gelangen wieder an den Rotteckring. Ihm folgen wir weiter südwärts, sehen auf der gegenüberliegenden Straßenseite den Komplex des 1708 bis 1710 erbauten Schwarzen Klosters und gelangen zur Straßenkreuzung Bertoldstraße/Rotteckring. Auf der linken Seite der Bertoldstraße erkennen wir das Anwesen Bertoldstraße 44, Sitz der südbadischen Rechtsanwaltskammer.*

**❹ Rechtsanwaltskammer Freiburg**
Bertoldstraße 44

In diesem Neubau sind seit einigen Jahren sowohl die für Südbaden zuständige Rechtsanwaltskammer Freiburg, eine Körperschaft des öffentlichen Rechts, als auch das – nur aus Rechtsanwälten des Bezirks bestehende – Anwaltsgericht Freiburg untergebracht. Die Teilung des Landes Badens nach Ende des Zweiten Weltkriegs in das amerikanisch besetzte Nordbaden und das zur französischen Besatzungszone gehörende Südbaden führte zur Errichtung eines eigenständigen Oberlandesgerichts Freiburg (*Näheres hierzu nachfolgende Station 15*). Da gemäß der damals geltenden Regelung bei jedem Oberlandesgericht eine Rechtsanwaltskammer zu bilden war, wurde für Südbaden eine neue Rechtsanwaltskammer errichtet und die bisherige Zuständigkeit der für ganz Baden bestehenden Rechtsanwaltskammer in Karlsruhe beendet. Im Schwurgerichtssaal am Holzmarkt (*Näheres hierzu nachfolgende Station 15*) fand am 25. Februar 1946 die Gründungsversammlung der Badischen Rechtsanwaltskammer Freiburg statt, an der 54 Anwälte aus dem neuen Kammerbezirk teilnahmen. Auch nach der Bildung des Landes Baden-Württemberg, das zur Wiederherstellung des seit 1879 bestehenden Oberlandesgerichtsbezirks Karlsruhe für den badischen Landesteil führte, wurden die beiden neugeschaffenen Anwaltskammern in Freiburg und Karlsruhe für die nun entstandenen Regierungsbezirke Südbaden und Nordbaden beibehalten.

Das Anwaltsgericht besteht aus zwei Kammern und tagt in den Räumen des Landgerichts in der Salzstraße. Es ist zuständig für die berufsgerichtliche Ahndung von Pflichtverletzungen eines Anwalts. Die Rechtsanwaltskammer Freiburg vertritt etwa 3.500 Mitglieder, die in den Landgerichtsbezirken Freiburg, Baden-Baden, Offenburg, Waldshut und Konstanz tätig sind. Die Zuständigkeit der Anwaltskammer hat in den letzten Jahren erheblich zugenommen, weil mehrere ursprünglich vom Landesjustizministerium wahrgenommene Aufgabengebiete – so die Zulassung und Vereidigung neuer Rechtsanwälte – auf die Anwaltskammer übertragen wurden.

*Wir überqueren den Rotteckring und wenden uns dem Platz der alten Synagoge und dem dahinterliegenden Universitätsbereich zu.*

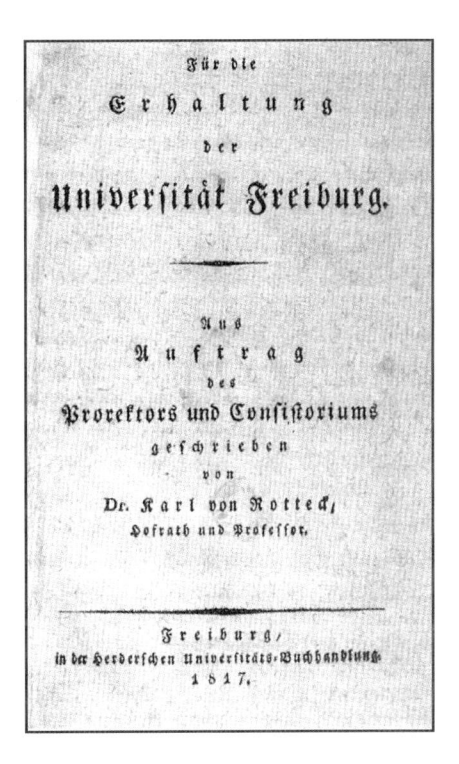

*Denkschrift von Karl Rotteck, 1817*

### ❺ Einstiger Standort des Rotteck-Denkmals
Platz der Alten Synagoge

Als 1972 das schöne Gebäude des traditionsreichen Rotteckgymnasiums zugunsten des an dieser Stelle vorgesehenen Neubaus der Universitätsbibliothek abgerissen wurde, mußte wiederum ein neuer Platz für das Denkmal des großen Freiburger Hochschullehrers und liberalen Politikers gefunden werden. Von 1981 bis Ende 2015 befand sich das Denkmal auf der Rasenfläche vor dem Kollegiengebäude II, auf dem heutigen Platz der Alten Synagoge. Dieser Platz, der in den letzten Jahren einer völligen Neugestaltung unterzogen wurde, erinnert an die von Georg Jakob Schneider 1868/69 erbaute Synagoge, die während des NS-Pogroms am 9. November 1938 niedergebrannt und anschließend abgerissen wurde. Das Denkmal wurde für die Neugestaltung des Platzes entfernt und wird gegenwärtig in einem Depot der Universität verwahrt. Es soll nach Beendigung der Sanierungsmaßnahmen am Kollegiengebäude II im Peterhof (*hierzu Rundgang I, Station 5*) einen neuen Standort finden.

*Die alte Synagoge*

### ❻ Kollegiengebäude II

Anläßlich der 500-Jahr-Feier der Universität am 25. Juni 1957 legte der baden-württembergische Ministerpräsident *Gebhard Müller* (1900-1990), von 1958 bis 1971 Präsident des Bundesverfassungsgerichts, den Grundstein für das neue Kollegiengebäude. Im Rahmen der Jubiläumsfeierlichkeiten verliehen einen Tag zuvor die Fakultäten an prominente Personen des In- und Auslands die Ehrendoktorwürde. Unter den von der Rechts- und Staatswissenschaftlichen Fakultät geehrten sieben Persönlichkeiten befand sich auch der Leiter der Bundesanwaltschaft in Karlsruhe, Generalbundesanwalt *Max Güde* (1902-1984). Der Dekan der Fakultät, der Strafrechtler *Thomas Würtenberger* (1907-1989) führte zur Begründung aus, Max Güde habe in seiner Eigenschaft als Generalbundesanwalt stets jene verantwortungsbewußte Haltung zu Recht und Gerechtigkeit eingenommen, wie sie einst Ulrich Zasius ausdrucksstark umschrieben habe: Wer sich mit dem Recht abgibt, bemüht

*Max Güde*

sich um etwas Notwendiges, Ausgezeichnetes und Bewundernswertes, ohne welches unter den Sterblichen nichts Lobenswertes geschieht und ohne dessen Beistand kein Ruhm zu erringen ist. In der Promotionsurkunde wurde hervorgehoben, die Ehrung erfolge in Anerkennung seiner in der Rechtstradition des badischen Vaterlandes geleisteten Verdienste um die Wiederherstellung des Rechts nach dem Kriege. 1945 wurde Güde Leiter der Staatsanwaltschaft Konstanz, zuvor war er als Amtsrichter in Wolfach und Bruchsal tätig gewesen. Im Oktober 1950 wechselte er als Bundesanwalt zur neu errichteten Bundesanwaltschaft in Karlsruhe und versah von 1956 bis 1961 das Amt des Generalbundesanwalts.

Am 26. Juni 1961 wurde das von dem Karlsruher Hochschullehrer *Ernst Otto Schweizer* (1890-1965) entworfene Gebäude durch Ministerpräsident *Kurt Georg Kiesinger* (1904-1988), von 1966 bis 1969 Bundeskanzler, feierlich seiner Bestimmung übergeben. Das nach der Karlsruher Schule konzipierte Gebäude ähnelt stark dem 1933 von Schweizer gleichfalls entworfenen Erweiterungsbau für das Reichshauptbankgebäude in Berlin. Der Freiburger Bau wirkt aber durch seine zusätzlichen Verblendungen und seine stärkeren Glasflächen wesentlich aufgelockerter als der monumentale Vorentwurf. Der H-förmige Grundriss ist 82 Meter lang, 47 Meter breit und weist eine Höhe von 23 Metern auf. In den beiden parallelen Baublöcken, deren vertikale Sandsteinrippen den Bezug zum benachbarten alten Kollegiengebäude und dem Freiburger Münster aufnehmen, wurden neben dem Audimax die Rechts- und Staatswissenschaftliche Fakultät untergebracht.

*Kollegiengebäude II*

Zu den Gründungsmitgliedern der am 24. November 1951 errichteten Juristischen Studiengesellschaft in Karlsruhe gehörte auch die Rechtswissenschaftliche Fakultät Freiburg. Hierdurch ergab sich sehr schnell die Gelegenheit für Begegnungen von Freiburger Rechtslehrern im Bundesgerichtshof. Bereits 1952 sprach *Franz Wieacker* (*Näheres hierzu Rundgang III, Station 5*), von 1948 bis 1953 Freiburger Ordinarius für Römisches Recht und Rechtsgeschichte, im Plenarsaal des Erbgroßherzoglichen Palais über das *Sozialmodell der klassischen Privatrechtsbücher und die Entwicklung der modernen Gesellschaft*. Drei Jahre später folgte sein Fakultätskollege *Hans Thieme* (*Näheres hierzu Rundgang IV, Station 16*) mit einem Vortrag über die Ehescheidung Heinrichs VIII. und die europäischen Universitäten.

Am 15. März 1962 stand *Ernst von Caemmerer* (1908-1985), 1947 als Nachfolger von *Hans Grossmann-Doerth* (*Näheres hierzu Rundgang IV, Station 4*) nach Freiburg berufen und dort langjähriger Direktor des Instituts für ausländisches und internationales Privatrecht, am Karlsruher Rednerpult und referierte über *Das Problem der überholenden Kausalität im Schadensersatzrecht*. Auch zu dieser schwierigen Rechtsmaterie bildete der hochangesehene Rechtslehrer überschaubare Fallgruppen und

*Ernst von Caemmerer*

entwickelte tragfähige Lösungsansätze. Unnötige Komplizierungen, die sich in der Diskussion ergeben haben, abzustreifen und die Dinge wieder einfacher zu sehen, ohne dabei die Notwendigkeit der Differenzierung zu verkennen, war auch hier sein Leitgedanke. Lange Zeit gehörte von Caemmerer auch dem Vorstand der Juristischen Studiengesellschaft an und wirkte an der Gewinnung namhafter Referenten mit.

Am 28. Juni 1968 fand im Rahmen der Veranstaltungen der Gesellschaft in Karlsruhe ein Gedankenaustausch mit der Freiburger Fakultät zum Thema *Richterliche Rechtsfortbildung* statt, bei dem nach den Kurzreferaten eine allgemeine Aussprache erfolgte. An der Diskussion, die sich überwiegend mit dem Richterrecht des I. und II. Zivilsenats befaßte, war von Caemmerer allein mit drei gewichtigen Kurzbeiträgen beteiligt. Am 3. Oktober 1975 kam Ernst von Caemmerer erneut nach Karlsruhe. Dem Bundesgerichtshof war es gelungen, ihn für den Festvortrag anläßlich des 25jährigen Bestehens des Gerichts zu gewinnen. Beim Festakt im Badischen Staatstheater sprach der Freiburger Rechtslehrer im Beisein des Bundespräsidenten zu *Verwirklichung und Fortbildung des Rechts durch den Bundesgerichtshof.* Die ganze Kraft, Energie und Präzision seiner Vortragsweise, der ganze typische Caemmerersche Ton floß hier ein. In seiner sowohl historisch als auch rechtsvergleichend abgestützten Würdigung bezeichnete er die Judikatur zur Inhaltskontrolle von Allgemeinen Geschäftsbedingungen und Formularverträgen als „große" und zugleich fortschrittliche Rechtsprechung. Als weitere Beispiele für eine geglückte Rechtsfortbildung aus dem Bereich des Schuldrechts nannte er die Rechtsprechung zum allgemeinen Persönlichkeitsrecht und zur Produktenhaftung. *Fritz Hauß* (1908-2003), zuletzt Vizepräsident des Bundesgerichtshofs, mit dem sich Ernst von Caemmerer eng verbunden fühlte, bemerkte später hierzu treffend, die damaligen Richter hätten die Würdigung gerne gehört, sie seien sich aber im klaren gewesen, daß ein großer Teil des Lobes auf den Festredner zurückfalle. Kein anderer Autor sei in jenen Jahren in den Urteilen der Zivilsenate des Bundesgerichtshofs so häufig zitiert worden wie er. Am 23. Juni 1985 ist von Caemmerer in Freiburg verstorben.

*Am südlichen Teil des Platzes erkennen wir die Umrisse der ehemaligen Freiburger Synagoge. Wir folgen nun dem eindrucksvollen Kollegiengebäude I und begeben uns zu dessen Haupteingang, der sich in der Rempartstraße befindet.*

**❼ Kollegiengebäude I**

In den Jahren 1907 bis 1911 wurde im Auftrag des badischen Ministeriums der Justiz, des Kultus und Unterrichts das Kollegiengebäude erstellt, das die Raumnot der überwiegend noch in der Belfortstraße untergebrachten Universität beheben sollte. Anfänglich war mit der Bauausführung der Karlsruher Architekt *Friedrich Ratzel* (1869-1907) betraut, der sich kurz zuvor mit der Fertigstellung des in neobarocken Baustil gehaltenen Karlsruher Behördenensemble für den Verwaltungsgerichtshof, das Generallandesarchiv und die Oberrechnungskammer hervorgetan hatte. Nach dessen Tod wurde im Juli 1907 *Hermann Billing* (1867-1946), gleichfalls Architekt in Karlsruhe, mit der Fortführung der Arbeiten beauftragt. Obwohl er gehalten war, an der bisherigen Konzeption nichts abzuändern,

*Das Kollegiengebäude von 1911, ursprünglicher Zustand*

gelang es Billing seine Änderungswünsche durchzusetzen. Zu Beginn des Wintersemesters 1911/1912 konnte das für eine Bausumme von 2,8 Millionen Mark erstellte neue Kollegiengebäude von Großherzog *Friedrich II.* (1857-1928) der Universität übergeben werden. Über 50 Jahre war an der Südfront des Billingbaus das Juristische Seminar untergebracht. Es wurde mit ministerieller Verfügung vom 14. Juli 1889 errichtet und sollte das Lehrangebot der Fakultät durch Übungen, Exegesen und Praktika erheblich erweitern.

Im Wintersemester 1909/1910 bot *Hermann Kantorowicz* (1877-1940) erstmals ein Rechtsphilosophisches Seminar an, das mit dem Umzug in das neue Kollegiengebäude einen rasanten Aufstieg erfuhr. Kantorowicz wirkte von 1907 bis 1929 als Dozent und Professor für „juristische Hilfswissenschaften" an der Rechtswissenschaftlichen Fakultät der Universität Freiburg. Der Vortrag war fesselnd und einprägsam, wie der spätere Rechtshistoriker *Hans Liermann* (1893-1976) in einem Rückblick auf seine Freiburger Studentenjahre berichtete. Kantorowicz war ein maßgeblicher Vertreter der Freirechtslehre, Mitbegründer der Rechtssoziologie in Deutschland sowie universal gelehrter Rechtshistoriker. Ferner erwies er sich auch als Wegbe-

*Die frühere Rempart-Kaserne*

*Hermann Kantorowicz*

reiter für die später erst eingerichteten Studiengänge Soziologie und Politikwissenschaften. 1929 verließ er Freiburg und übernahm in Nachfolge seines Kollegen *Gustav Radbruch* (1878-1949) dessen Ordinariat für Strafrecht in Kiel. 1933 wurde Kantorowicz aus rassistischen Gründen von seinem Lehrstuhl verdrängt und nahm Zuflucht in England. 1940 verstarb er 63jährig in Cambridge.

Mit dem Karlsruher Rechtsanwalt *Ernst Fuchs* (1859-1929) war Kantorowicz befreundet. Im Juli 1910 lernten sie sich auf Initiative von Gustav Radbruch in dessen Wohnung in Heidelberg anläßlich einer Zusammenkunft von mehreren Freirechtlern, unter ihnen auch *Eugen Ehrlich* (1862-1922), erstmals persönlich kennen. Der intensive Meinungsaustausch gilt als Geburtsstunde der Freirechtsschule und führte 1911 zur Gründung des Vereins und der Monatszeitschrift *Recht und Wirtschaft*. Kantorowicz und Fuchs standen seither in engen Briefkontakt, wiederholt besuchte Kantorowicz Fuchs in dessen Wohnung im Karlsruher Hardtwaldviertel. Auch Radbruch stieß zuweilen dazu. Von dort unternahmen sie Spaziergänge in den nahe gelegenen Hardtwald, wo Fuchs eindrucksvoll von seinen Beweggründen berichtete, die ihn zu seinem Engagement für die Freirechtsbewegung führten. Hieraus sollte auf Wunsch von Kantorowicz und Radbruch später eine „teilbiographische Skizze" entstehen, doch Fuchs, der in seinem Ausstoß an Stellungnahmen

*Ernst Fuchs*

*Die alte Universitätsbibliothek von 1902, ursprünglicher Zustand*

zu freirechtlichen Themen bis zu seinem Lebensende nicht zu bremsen war, weigerte sich, den vorgesehenen, persönlich gehaltenen Aufsatz *Wie ich Freirechtler wurde* abzufassen. Nach dem Ersten Weltkrieg setzte sich der Gedankenaustausch fort. Anläßlich des 60. Geburtstags von Ernst Fuchs am 15. Oktober 1919 hob Kantorowicz in seinem Glückwunschschreiben hervor, der zwischenzeitlich eingetretene Erfolg der Freirechtsbewegung sei insbesondere auf das unermüdliche Wirken und die große praktische Erfahrung von Fuchs zurückzuführen.

*Wir verlassen nun den Platz vor dem Haupteingang des Kollegiengebäudes I, überqueren die Rempartstraße und gehen an der Litfaßsäule vorbei auf den Zugang zur Hochallee. Dieser Hügelbereich geht zurück auf die frühere Bastion de la Reine der von Vauban errichteten Festungsanlage. Von dort sehen wir den Komplex der Mensa mit den bei vielen Studentengenerationen beliebten (Liege-)Wiesen. Im Hintergrund grüßen die am Sternwaldeck aufsteigenden Berge. Von der Hochallee kommen wir wieder in die Werthmannstraße (vormals Werderring), um wenige Meter später links in die Erbprinzenstraße einzubiegen.*

**❽ Ehemalige Anwaltskanzlei und Wohnhaus Sinauer**
Erbprinzenstraße 8

In diesem Anwesen wohnte die Rechtshistorikerin *Erica Sinauer* (1898-1944), Tochter von Rechtsanwalt *Moritz Sinauer* (1852-1930). Der Vater betrieb hier eine renom-

*Anwesen Erbprinzenstraße 8, heutiger Zustand*

mierte Anwaltskanzlei, die seine Tochter nach dessen Tod zusammen mit dem Sozius *Fritz Drischel* fortführte. Moritz Sinauer wurde für seine vielseitigen Verdienste um die Rechtspflege von der Freiburger Rechtswissenschaftlichen Fakultät 1927 mit der Ehrendoktorwürde geehrt. Lange Jahre gehörte er dem Vorstand der badischen Rechtsanwaltskammer in Karlsruhe an. Zu seinen Mandanten zählte auch der Freiburger Verleger von *Karl May* (1842-1912), *Friedrich Fehsenfeld* (1853-1933). Sinauer gelang es, den Verleger im Juni 1902 mühsam vor einer Verurteilung durch das Freiburger Schöffengericht wegen der Schriften des Erfolgsautors zu bewahren.

Erica Sinauer wurde bereits im April 1933 aus rassistischen Gründen die Anwaltszulassung entzogen. Im Einvernehmen mit der Familie Sinauer führte Drischel die Kanzlei nach 1933 weiter. Als Verteidiger im Tillessen-Prozeß (*Näheres hierzu nachfolgende Station 15 Ziffer (5)*) sollte Drischel, der wie der damalige Generalstaatsanwalt *Karl Siegfried Bader* (*Näheres hierzu nachfolgende Station 17*) bekundete, kein Anhänger des NS-Regimes gewesen ist, zunächst einen aufsehenerregenden Prozeßerfolg mit der später revidierten Verfahrenseinstellung zu Gunsten seines Mandanten erreichen. Auch heute befindet sich im Anwesen eine große Anwaltskanzlei.

*Erica Sinauer*

Erica Sinauer wurde am 15. Juni 1898 in Freiburg geboren. Nach dem Abitur an der Freiburger Höheren Mädchenschule absolvierte sie das Lehrerinnenseminar und war von 1915 bis 1919 an ihrer alten Schule als Lehrerin tätig. 1919 nahm sie in Freiburg das Studium der Rechtswissenschaften auf, wo sie bereits sehr früh von dem Rechtshistoriker *Claudius Freiherr von Schwerin* (1880-1944) gefördert wurde. 1928 wurde sie bei ihm mit der Arbeit *Schlüssel des sächsischen Landrechts* promoviert. Neben ihrem Anwaltsberuf wirkte sie auch als Assistentin von Schwerin und war in dieser Eigenschaft maßgeblich am Aufbau des Freiburger Rechtsgeschichtlichen Instituts beteiligt. Zusammen mit von

*Marie Antoinette*

Schwerin arbeitete sie an der von der Monumenta Germaniae Historica in Auftrag gegebenen Neuausgabe des Sachsenspiegels federführend mit. 1933 wurde ihr die Assistentenstelle, wiederum aus rassistischen Gründen, entzogen. Im Institut ging sie ihren rechtsgeschichtlichen Arbeiten weiterhin nach. 1935 konnte sie noch eine weitere Publikation fertigstellen.

Am 22. Oktober 1940 wurde Erica Sinauer zusammen mit ihrer Mutter in das in den Pyrenäen gelegene Lager Gurs verschleppt und im September 1942 nach Auschwitz deportiert. Dort wurde sie ermordet. Am 20. März 1952 hat das Amtsgericht Freiburg ihren Tod offiziell bestätigt und als Todeszeitpunkt den 8. März 1945 festgestellt; zum damaligen Zeitpunkt war das berüchtigte Vernichtungslager bereits seit mehreren Wochen befreit. Im Freiburger Stadtteil Rieselfeld trägt nunmehr eine Straße den Namen der Rechtshistorikerin, die sich insbesondere um die Rechtsbuchforschung große Verdienste erworben hat.

*Wir gehen nun die Erbprinzenstraße zur Gartenstraße weiter. Von der Straßenecke aus sehen wir in nördlicher Richtung blickend das gelb gehaltene Gebäude des Breisacher Tors. Dieses Gebäude geht auf die von Vauban errichtete Porte Saint-Martin zurück, einst Teil der von ihm konzipierten Festungsanlage. Nach der Schleifung der Festung blieb das Torgebäude erhalten; hier zog die spätere französische Königin Marie Antoinette (1755-1793) im Jahre 1770 auf der Fahrt nach Paris in Freiburg ein.*

*Im 19. Jahrhundert bildete das Tor die Zufahrt zur Gartenstraße. 1903 wurde der östliche Seitenflügel für die neue Führung dieser Straße abgerissen. Zu Beginn des 19. Jahrhunderts wurde das Torgebäude um ein drittes Stockwerk erweitert und erhielt die Hausbezeichnung Nr. 730. Anschließend folgte zur Kaiserstraße hin das später abgetragene Gebäude Nr. 730 A. In diesem Haus wohnte zeitweilig der Freiburger Staatsrechtler Karl Theodor Welcker.*

*Breisacher Tor von Norden*

## ❾ Ehemaliges Wohnhaus Karl Theodor Welcker

Der am 29. März 1790 in Oberofleiden in der damaligen Landgrafschaft Hessen-Darmstadt geborene *Karl Theodor Welcker* zählt neben Rotteck und Duttlinger zu den *politischen Professoren* der Freiburger Rechtswissenschaftlichen Fakultät während der Zeit des Vormärz, die als leidenschaftliche Vorkämpfer des Liberalismus auftraten. Zusammen mit seinem Fakultätskollegen von Rotteck brachte er das 15bändige Staatslexikon heraus (*Näheres vorstehende Station 1*). Von 1831 bis 1851 gehörte Welcker als Liberaler zu den führenden Abgeordneten der Zweiten Kammer im Karlsruher Ständehaus. In einer begeistert aufgenommenen und dann vielzitierten Motion forderte er in der Zweiten Kammer Mitte Oktober 1831 namens des deutschen Volkes und des deutschen Liberalismus die Errichtung einer parlamentarischen Vertretung der Nation, eines „Volkshauses" neben dem Gesandtenkongreß des Frankfurter Bundestages, mit dem Ziel der „organischen Entwicklung des Deutschen Bundes zur bestmöglichen Förderung deutscher Nationaleinheit und deutscher staatsbürgerlicher Freiheit".

Anläßlich des Erscheinens der ersten Ausgabe des Freisinnigen am 1. März 1832 hielt er vom Balkon seiner

Wohnung an die auf der Rempartstraße stehenden Anhänger der Pressefreiheit eine kämpferische Ansprache. Nach der Aufhebung des von ihm auf den Weg gebrachten badischen Pressegesetzes und des Verbots des Freisinnigen versetzte ihn die Karlsruher Regierung als Professor zwangsweise in den Ruhestand. 1841 erhielt er wieder die Lehrbefugnis, die ihm allerdings kurze Zeit später erneut entzogen wurde. 1841 verließ Welcker Freiburg und zog nach Heidelberg. Im März 1848 wurde er badischer Gesandter beim Bundestag in Frankfurt a. M. und wenige Monate später einer der maßgeblichen Parlamentarier in der Frankfurter Nationalversammlung. Am 10. März 1869 ist er in Neuenheim bei Heidelberg verstorben.

*Wenige Schritte weiter auf dem rechten Gehweg erreichen wir die Passage zum Friedrichsbau. Im Eingangsbereich ist auf dem Fußweg das Medaillon des Namensgebers, des langjährigen badischen Großherzogs Friedrich I. (1826-1907), aufgebracht. Statt diesen liberal gesinnten Regenten mit den Füßen zu treten, wäre es im Hinblick auf dessen Verdienste um das Land Baden wohl naheliegender gewesen, das Medaillon an der Wandseite des Zugangsbereichs anzubringen. Wer den Rundgang abkürzen will, kann durch die Passage gehen und gelangt zur Kaiser-Joseph-Straße. Auf der gegenüberliegenden Straßenseite ist das ehemalige Bezirksstrafgerichtsgebäude zu sehen, in dem sich heute Räume des Amtsgerichts Freiburg*

*Breisacher Tor von Süden, vor 1903*

*Karl Theodor Welcker*

*(Näheres hierzu nachfolgende Station 16) befinden.*

*Wir gehen nun zur Straßenecke Erbprinzenstraße/Gartenstraße zurück, wobei der Blick auf das wuchtige Eckgebäude Gartenstraße 8 mit dem Balkonaufsatz fällt. Hier befand sich das Studentendomizil des Autors während seiner Studienzeit von 1971 bis 1975.*

*Wir folgen nun der Gartenstraße Richtung Süden weiter, passieren das repräsentative Gebäude Gartenstraße 21, in dem von 1995 bis 2015 die Rechtsanwaltskammer Freiburg untergebracht gewesen war, und erreichen wenig später das auf der rechten Seite gelegene Anwesen Gartenstraße 14.*

**⑩ Ehemalige Anwaltskanzlei und Wohnhaus Robert Grumbach**
Gartenstraße 14

Der am 3. November 1875 in Freiburg in der Moltkestraße geborene *Robert Grumbach*, später sozialdemokratischer Stadtrat und Ehrenbürger seiner Heimatstadt, stammte aus einem jüdischen Elternhaus. Er studierte nach dem Abitur am humanistischen Gymnasium ab dem Wintersemester 1894/95 Rechtswissenschaften an der Freiburger Fakultät. Mit Unterbrechung eines Semesters in Berlin absolvierte er seine ganze Studienzeit in Freiburg. Dort lernte er auch den späteren Mannheimer Rechtsanwalt *Ludwig Frank* (1874-1914) kennen, der als Abgeordneter in der Zweiten Kammer im Karlsruher Ständehaus und im Berliner Reichstag zur großen Hoffnung der badischen Sozialdemokratie wurde und als Freiwilliger in den ersten Kriegswochen in Frankreich gefallen ist. Beide schloßen sich der Freiburger Sozialdemokratie an. In der 1917 veröffentlichten Erzählung *Die Freie Burg*, die in Freiburg spielt, hat Grumbach zahlreiche Weggenossen portraitiert, neben Ludwig Frank auch den Freiburger Rechtsanwalt Constantin Fehrenbach *(Näheres hierzu Rundgang IV, Station 7).*

Im Frühjahr 1898 legte Grumbach die erste juristische Staatsprüfung in

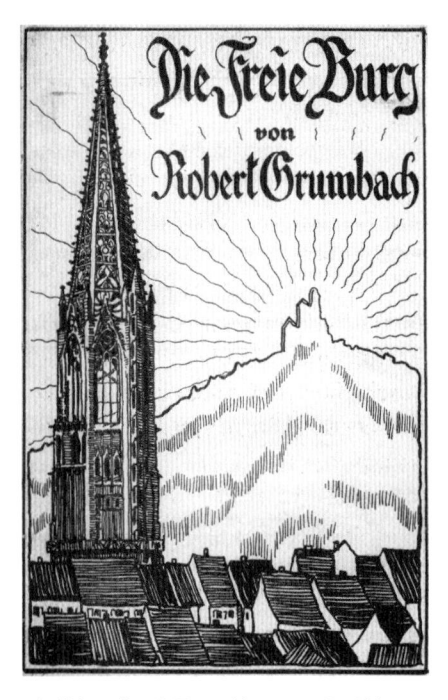

*Titelblatt der 1917 erschienenen Erzählung*

Die Kanzleiräume übernahm sodann ein Rechtsanwalt, zugleich Stadtrat und örtlicher Leiter der nationalsozialistischen Juristenvereinigung. Grumbach selbst gab auch die Wohnung auf und zog zu Verwandten in die Günterstalstraße, wo er unter ganz bescheidenen Verhältnissen seine Kanzlei zunächst fortführen konnte. Die gegen Grumbach gerichteten NS-Verfolgungsmaßnahmen steigerten sich. Zum 30. November 1938 verlor er seine Anwaltszulassung. Im Zusammenhang mit dem NS-Pogrom am 9. November 1938 wurde er für mehrere Monate in das KZ Dachau verschleppt und schließlich im Oktober 1940 in das südfranzösische Lager Gurs deportiert. Glücklicherweise überstand er die unmenschlichen Lagerstrapazen und wurde auch

Karlsruhe ab und durchlief anschließend den damals dreijährigen Vorbereitungsdienst. 1902 folgte die zweite juristische Staatsprüfung. Im gleichen Jahr gründete er seine Anwaltskanzlei, die er 1906 in den Neubau der Gartenstraße 14 verlegte. Dort wohnte er auch zusammen mit seiner Ehefrau Berta, geborene Weil. Als er sich 1902 als selbständiger Rechtsanwalt niederließ, zählte Freiburg 33 Anwälte, hiervon neun jüdischer Abstammung. Seine Kanzlei blieb bis Ende 1933 in der Gartenstraße, nicht weit entfernt von den am Holzmarkt gelegenen Gerichten.

*Robert Grumbach, um 1930*

nicht, wie viele der dort Inhaftierten, in die östlichen Vernichtungslager verbracht. In Südfrankreich erlebte er die Befreiung durch amerikanische Kampfverbände. Nach Kriegsende kehrte er in seine Heimatstadt Freiburg zurück und baute sich seine Anwaltskanzlei wieder auf. Seine langjährige, verdienstvolle Zugehörigkeit zum Freiburger Stadtrat vor 1933 wurde 1947 durch die Ernennung zum Ehrenbürger der Stadt Freiburg gewürdigt. Seit 1950 gehörte er zudem als Vorstandsmitglied der Badischen Anwaltskammer Freiburg an. 1960, als er nicht mehr kandidierte, wurde er zum Ehrenmitglied des Kammervorstandes mit beratender Stimme ernannt. Am 14. Dezember 1960 ist Grumbach in Freiburg verstorben. Kurz zuvor erhielt er anläßlich seines 85. Geburtstags das ihm vom Bundespräsidenten verliehene Bundesverdienstkreuz I. Klasse von dem Freiburger Landgerichtspräsidenten Maximilian Matt überreicht.

Grumbach zeichnete sich durch ein feinfühliges, heimatverbundenes Geschichtsverständnis aus. Hieraus erwuchs sein Engagement für die alemannischen Dichter *Johann Peter Hebel* (1760-1826) und *Heinrich Hansjakob* (1837-1916). Im Sinne einer demokratischen Erinnerungskultur hatte er sich als Freiburger Stadtrat bereits in den Zwanziger Jahren des letzten Jahrhunderts ent-

*Landgerichtspräsident Maximilian Matt überreicht Robert Grumbach das Bundesverdienstkreuz, 1960*

schieden dafür eingesetzt, Straßen nach herausragenden Demokraten und Rechtsstaatlern, wie Duttlinger, Welcker oder etwa den Lahrer Oberamtmann und Abgeordneten der Zweiten Kammer im Karlsruher Ständehaus Freiherr *Ludwig von Liebenstein* (1781-1824) zu benennen. Nur mit *August Lamey* (*Näheres hierzu nachfolgende Station 23*) hatte er Erfolg. Hervorzuheben sind auch seine Reden in den Jahren 1919 und 1949 zu Ehren des jungen, 1849 auf dem Wiehremer Friedhof erschossenen Freiheitskämpfers *Maximilian Dortu* (*Näheres hierzu Rundgang IV, Station 9*).

**Ludwig von Liebenstein**

*Wir folgen weiter die Gartenstraße südwärts und wenden uns nach links in die Schreiberstraße. Diese Straße ist nach dem namhaften Freiburger Stadthistoriker Heinrich Schreiber (1793-1872) benannt. Nach wenigen Schritten erreichen wir das stilvolle, in den Fünfziger Jahren des 19. Jahrhunderts errichtete Gebäude Schreiberstraße 10, in dem sich heute die Anwaltskanzlei Dr. Fettweis und Sozien befindet.*

**⓫ Anwaltskanzlei und Wohnung Maria Plum**
Schreiberstraße 10

*Maria Plum* begründete 1928 die erste weiblich geführte Anwaltskanzlei in Freiburg. Sie wird als Pionier unter den badischen Anwältinnen bezeichnet und galt angesichts ihrer hohen juristischen Fähigkeiten als *phénomène juridique*. Als in ihre Kanzlei nach Ende des Zweiten Weltkriegs die Anwältinnen *Karola Fettweis* (1909-1984) und *Tula Huber-Simons* (1905-2000) eintraten, wurde die Kanzlei in Freiburger Anwaltskreisen auch das *Dreimädlerhaus* genannt.

Maria Plum wurde am 15. Februar 1894 in Berlin geboren. Ihr Vater war Inhaber eines chemischen Unternehmens. Nach Besuch einer kaufmännischen Lehranstalt unterbrach sie zunächst ihre Ausbildung, weil ihr Vater erkrankte und sie das Unternehmen fortführen mußte. Nach dem Tod des Vaters wurde es verkauft und sie konnte ihre Ausbildung fortsetzen. Sie besuchte zunächst die Handelshochschule in Berlin und holte das Abitur nach. Dann studierte sie Nationalökonomie und Rechtswissenschaften in Frankfurt. a. M., Berlin und Freiburg. 1923 wurde sie in Freiburg zum Dr. rer. pol. mit einer Arbeit über *Die staatssozialistische Idee in der neueren Sozialdemokratie* promoviert. 1924 legte sie das Referendarexamen ab. Während ihres Vorbe-

*Maria Plum*

reitungsdienstes absolvierte sie die anwaltliche Ausbildungsstation in der angesehenen Anwaltskanzlei Sinauer (*Näheres hierzu vorstehende Station 8*). Nach Abschluß des Zweiten Staatsexamens ließ sich Maria Plum 1928 als selbständige Anwältin in Freiburg nieder. Bereits 1931 konnte sie ihre Kanzlei aus zunächst angemieteten Räumen in das erworbene repräsentative Anwesen Schreiberstraße 10 verlegen. In diesem Haus wohnte sie auch. Sie führte eine wirtschafts- und steuerrechtlich ausgerichtete Kanzlei und zählte bald viele mittelständische Unternehmen zu ihren Mandanten.

Während der NS-Diktatur erwies sich Maria Plum, obwohl seit 1938 NSDAP-Mitglied und in der Schlichtungsstelle der NS-Frauenschaft als Vorsitzende tätig, wiederholt als widerständig. So hielt sie im Sommer 1934 für Studentinnen der Rechtswissenschaft, die von den universitären studienbegleitenden Arbeitsgemeinschaften ausgeschlossen waren, auf deren Bitte entsprechende Veranstaltungen ab. Bis zum Ausbildungsverbot 1934 konnten auch jüdische Referendare in ihrer Kanzlei ausgebildet werden. 1937 nahm sie Karola Fettweis als juristische Hilfskraft auf, weil sie als Frau vom juristischen Vorbereitungsdienst ausgeschlossen worden war. Sie ermöglichte ihr, bis zum Kriegsende in ihrer Kanzlei eine anwaltsgleiche Tätigkeit auszuüben. Maria Plum vertrat zur Emigration gezwungene Freiburger Bürger jüdischer Herkunft in Fragen der Vermögensübertragung ins Ausland und konnte sie wenigstens teilweise vor den enteignungsgleichen NS-Steuerverordnungen schützen. Prominente Professoren wie der Internist *Siegfried Thannhauser* (1885-1962) oder der Romanist *Fritz Pringsheim* (*Näheres hierzu nachfolgende Station 12*) zählten zu ihren Mandanten. Berufliche Reisen in die Schweiz nutzte sie für Kurierdienste zwischen jüdischen Emigranten und in Freiburg verbliebenen Bürgern.

Wegen ihrer NSDAP-Mitgliedschaft durfte sie nach 1945 zunächst nicht als Anwältin tätig sein. Das vor dem

*Der Freiburger Stadthistoriker Heinrich Schreiber*

Politischen Kontrollausschuß für die Säuberung Badens anhängige Verfahren zog sich bis zum Spätsommer 1946 hin, erst dann erhielt sie ihre Anwaltszulassung wieder. Jetzt konnte sie ihre Kanzlei, nunmehr verstärkt durch Karola Fettweis und wenig später Tula Huber-Simons, Ehefrau des namhaften Staatsrechtlers und Verfassungshistorikers *Ernst Rudolf Huber* (*Näheres hierzu Rundgang IV, Station 17*), fortführen. Ihre herausragende juristische Befähigung fand vielfache Anerkennung, so wurde sie bereits 1950 Mitglied der ständigen Deputation des Deutschen Juristentages, später Ehrensenatorin der Universität Freiburg. Am 6. Juli 1962 verunglückte Maria Plum auf der Fahrt zu ihrem Wochenendhaus am Titisee im Hochschwarzwald tödlich.

Noch heute wird ihre Kanzlei im Anwesen Schreiberstraße 10 fortgeführt, allerdings unter dem Namen ihrer Juniorpartnerin Karola Fettweis, die von 1970 bis 1980 als Präsidentin der Rechtsanwaltskammer Freiburg amtierte. Knapp 50 Jahre nach dem tragischen Unfall wurde in einem gesellschaftsrechtlichen Aufsatz an Plums Beitrag *Der fortschreitende Strukturwandel der Personengesellschaft durch Vertragsgestaltung* in der Festschrift zum Hundertjährigen Bestehens des Deutschen Juristentags (1960) erinnert und Rechtsanwältin Maria Plum treffend als *legendäre Sozia* einer auch sonst legendären Freiburger Kanzlei von Rechtsanwältinnen bezeichnet.

*Wir gehen nun die Schreiberstraße Richtung Osten und erreichen alsbald das Anwesen Nr. 4.*

**⓬ Wohnung Fritz Pringsheim**
Schreiberstraße 4

In diesem von der Universitätsstiftungsverwaltung wieder aufgebauten Gebäude wohnte Universitätsprofessor *Fritz Pringsheim* (1882-1967) im ersten Obergeschoß ab Anfang der Fünfziger Jahre bis zu seinem Tod. Er gehörte der Freiburger Rechtswissenschaftlichen Fakultät von 1915-1923, von 1929-1935 und nach seiner Rückkehr aus dem englischen Exil dann wieder ab 1946 an.

Der am 7. Oktober 1882 auf einem kleinen, in der Nähe von Breslau gelegenen Rittergut geborene Pringsheim wuchs dort in ländlicher Abgeschiedenheit auf. Seine Eltern gaben ihm, wie es der Freiburger Zivilrechtler *Elmar Bund* (1930-2008) treffend formulierte, die besten Eigenschaften mit, die einen noch aus dem 19. Jahrhundert kommenden deutschen Bildungsbürger auszeichnen konnten: Pflichtbewusstsein, Wahrhaftigkeit, humanistischer Patriotismus und Liebe zum Schönen. Das Abitur legte Pringsheim am humanistischen Gymnasium in Breslau ab und begann zum Wintersemester 1902/03 an der Universität München das Studium der Rechtswissenschaften. Er ging dann nach Heidelberg, um sich schließlich an der heimischen Universität Breslau auf das Referendarexamen vorzubereiten. Nach dem Examen folgte die von dem Breslauer Ordinarius *Otto Fischer* (1853-1929) betreute Dissertation *Zur Lehre von der Abtretung und Pfändung des Erbteils* (1906). Seinen Vorbereitungsdienst absolvierte er im Oberlandesgerichtsbezirk Breslau. Diesen unterbrach er 1906/07, um als Einjährig-Freiwilliger seinen Wehrdienst beim 3. badischen Dragonerregiment Prinz Karl Nr. 22 in Colmar und Mülhausen i. E. abzuleisten. So lernte Pringsheim erstmals die südliche Oberrheinregion kennen, die zeitlebens für ihn von besonderer Bedeutung sein sollte.

*Fritz Pringsheim*

Der Aufbruch zur rechtshistorischen Forschung folgte 1911, als er in Leipzig den Romanisten und Begründer der juristischen Papyruskunde *Ludwig Mitteis* (1859-1921) kennenlernte. Am Ersten Weltkriegs nahm Pringsheim als Leutnant teil; während eines Fronturlaubs habilitierte er sich bei dem Freiburger Romanisten *Otto Lenel* (*Näheres hierzu Rundgang IV, Station 15*) mit der Schrift *Kauf mit fremdem Geld*. Ausgezeichnet mit hohen Tapferkeitsauszeichnungen kehrte Pringsheim aus dem Krieg zurück. Er nahm seine Lehrtätigkeit auf und wurde 1921 zum Extraordinarius berufen. 1923 erhielt er einen Lehrstuhl in Göttingen. Bereits 1929 kehrte Pringsheim wieder nach

71

Freiburg zurück und übernahm den von *Otto Lenel* lange Zeit geführten Lehrstuhl für Römisches und Bürgerliches Recht. Zu seinen ersten Schülern gehörte *Franz Wieacker (Näheres hierzu Rundgang III, Station 5)*, der wie Pringsheim zu den Großen der Romanistik zählt. Nach der NS-Machtergreifung konnte Pringsheim zunächst seinen Lehrstuhl noch behalten, wurde dann aber 1935 wegen seiner jüdischen Herkunft zwangsemeritiert.

Bei der Akademie der Wissenschaften in Berlin fand er eine neue Anstellung. Wenige Tage nach dem reichsweiten Novemberpogrom wurde er festgenommen und drei Wochen im Konzentrationslager Sachsenhausen widerrechtlich festgehalten. Dies war der letzte Anstoß für ihn, Deutschland zu verlassen. In Oxford fand er eine neue akademische Heimat. Dort entstand die 1950 erschienene Monographie *The Greek Law of Sale*. Die Bitte der Freiburger Fakultät, auf seinen alten Lehrstuhl zurückzukehren, kam er schon 1946 nach. In den Sommersemestern lehrte er in Freiburg, zum Wintersemester kehrte er nach Oxford zurück. Diesen *Oxford-Freiburg-Shuttle* (Tony Honoré) behielt er bis 1958 bei, dann ließ er sich endgültig wieder in Freiburg nieder. Bis 1962 nahm er seine Lehrtätigkeit in vollem Umfang wahr; sein römisch-rechtliches Seminar hielt er noch bis ins Wintersemester 1966/67. Am 24. April 1967 ist Pringsheim in Freiburg verstorben.

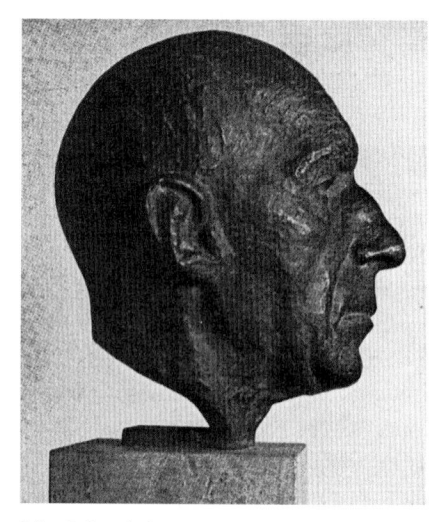

**Fritz Pringsheim**

*Wir gehen weiter und erreichen alsbald die Kaiser-Joseph-Straße. Auf der rechten Seite in der Dreisamanlage sehen wir die Büste des Stadthistorikers Heinrich Schreiber. Wir überqueren nun die Ampelanlage und treten in die Kaiser-Joseph-Straße ein.*

*Wir schauen auf die linke Straßenseite. Dort wo heute ein wuchtiger Baukörper steht, befand sich Ende des 19. Jahrhunderts das Anwesen Kaiserstraße 166, in dem der badische Verwaltungsjurist Joseph Reichlin von Meldegg seine letzten Lebensjahre verbrachte.*

**⓭ Ehemalige Wohnung von Joseph Reichlin von Meldegg**

*Freiherr Joseph Reichlin von Meldegg* wurde am 19. Januar 1806 auf der Insel Reichenau als Sohn des späteren Freiburger Hofrichters Josef Carl Alexander Sebastian Reichlin von Meldegg geboren. Einen Teil seiner Kindheit verbrachte er in Freiburg und studierte anschließend an der hiesigen Rechtswissenschaftlichen Fakultät. Dann trat er nach dem juristischen Vorbereitungsdienst in den badischen Staatsdienst ein und wurde auf verschiedenen Ämtern in Verwaltungs- und Gerichtsangelegenheiten beschäftigt. Zuletzt war er als Geheimer Regierungsrat und Kollegialmitglied bei der Regierung des Seekreises in Konstanz tätig. Mit Erlaß des badischen Staatsministeriums wurde er 1862 in den Ruhestand versetzt.

*Wappen des Freiherrn Reichlin von Meldegg*

*Der Rastatter Gesandtenmord von 1799*

Der früh Pensionierte kehrte in seine Heimatstadt Freiburg zurück, die damals vielfach als Pensionopolis bezeichnet wurde.

Reichling von Meldegg ist in die badische Rechtsgeschichte durch seine beiden Bände *Aus den Erinnerungen eines badischen Beamten* eingegangen. In diesen anonym veröffentlichten, 1872 und 1874 erschienenen Erinnerungsbüchern schildert er detailreich und wirklichkeitsnah die Arbeitsverhältnisse und maßgeblichen Juristen in den unterschiedlichen Ämtern und Gerichtsbehörden des Landes. 1869 hatte er bereits eine kleine Abhandlung zum Rastatter Gesandtenmord von 1799, *nach den Quellen dargestellt und beleuchtet,* publiziert. Am 19. März 1876 ist Reichlin von Meldegg in seiner Freiburger Wohnung verstorben.

*Nun gehen wir die Kaiser-Joseph-Straße Richtung Martinstor weiter. Wenige Minuten später befinden wir uns vor dem Gebäude der Staatsanwaltschaft Freiburg.*

**⑭ Staatsanwaltschaft Freiburg**
Kaiser-Joseph-Straße 259

Die Ermittlungs- und Anklagebehörde war lange Jahre in unmittelbarer Nachbarschaft zum Amtsgerichtsgebäude im ehemaligen Notariat untergebracht. Sie befindet sich jetzt in der Berliner Allee 1 und ist mit insgesamt 40 Staatsanwälten besetzt. In Lörrach besteht eine Zweigstelle, der weitere zehn Staatsanwälte angehören.

1853 wurde hier ein Bürgerhaus errichtet, das dreigeschoßig ausgeführt wurde und fünf Fensterachsen aufwies. Entsprechend der für die Stephanien-Vorstadt vorgesehenen Bauweise war es als Torfahrthaus ausgebildet und besaß eine Durchfahrt, welche die hinter dem Haus befindlichen Gärten mit der Straße verband. Später wurde dieses Gebäude für das Notariat Freiburg genutzt und 1981 abgerissen. Im Zuge der Errichtung eines Ergänzungsgebäudes für den Justizkomplex Holzmarkt wurde die alte Fassade originalgetreu rekonstruiert und das Gebäude der Staatsanwaltschaft zugewiesen.

*Wir verlassen nun die Kaiser-Joseph-Straße und wenden uns dem Holzmarkt zu. An der Straßenecke Kaiserstraße/Holzmarkt befindet sich eine*

*Blick auf das alte Martinstor von der südlichen Kaiserstraße*

## sam⓯ Justizgebäude am Holzmarkt

Das zwischen Martinstor und Dreisam gelegene, durch Sprengung der Vaubanschen Festungsanlagen frei gewordene Gelände wurde ab 1840 neu bebaut. Hier entstand eine Vorstadt, die nach der badischen Großherzogin und Adoptivtochter Napoléons I., *Stéphanie de Beauharnais* (1789-1860), Stephanienvorstadt benannt wurde.

Eines der ersten Gebäude war das an der Kaiser-Joseph-Straße im Jahre 1848 errichtete, im spätklassizistischen Stil ausgeführte sogenannte Bezirksstrafgericht, das im späteren Verlauf mit zahlreichen Ergänzungen und Umbauten zum heutigen Justizgebäude am Holzmarkt weiterentwickelt wurde. Die Geschichte dieses Gebäudeensembles ist in einzigartiger Hinsicht mit der facettenreichen badischen Justizgeschichte verbunden. Anders als das heutige Landge-

*Der 1915 bis 1921 erstellte Erweiterungsbau des Landgerichts*

*Informationstafel, welche die Entwicklung des Stadtviertels und des Holzmarkts schildert, der einst als Viehplatz diente.*

*In der Weimarer Republik wurde der Platz zur Erinnerung an den ersten Reichspräsidenten Friedrich Ebert (1871-1925) in Ebert-Platz umbenannt. Nach 1933 erfolgte die Umbenennung in Hindenburg-Platz und 1945 wurde wieder an die Bezeichnung Holzmarkt angeknüpft.*

*Das ursprüngliche Bezirksstrafgerichtsgebäude*

richtsgebäude in Karlsruhe, das nach 1879 mehr als zwanzig Jahre als Heimstadt von Amts-, Land- und Oberlandesgericht diente, wurde das Freiburger Justizgebäude in den Jahren nach dem Ende des Zweiten Weltkriegs nicht nur kurzzeitig auch für diese Zwecke genutzt, sondern beherbergte darüber hinaus noch die südbadische Justizverwaltung, das hieraus hervorgegangene Badische Justizministerium sowie den Staatsgerichtshof für das Land Baden. Zudem ist das Gebäude mit der Geschichte der badischen Bezirksstrafgerichte verbunden, ein Planungsobjekt der Vierziger Jahre des 19. Jahrhunderts, das angesichts der Revolutionsjahre 1848/49 und der nachfolgenden Reaktionszeit keine Umsetzung mehr fand.

(1) Bezirksstrafgerichtsgebäude

1845 wurden in Baden nach langen Kämpfen in den beiden Kammern des Landtags ein neues Gerichtsverfassungsgesetz sowie eine Strafprozeßordnung verabschiedet, die mit Wirkung zum 1. Juli 1849 in Kraft treten sollten. Das Gerichtsverfassungsgesetz sah zunächst auf der unteren Ebene die Errichtung selbständiger Amtsgerichte vor, womit die in der Zweiten Kammer des Badischen Landtags von Anfang an erhobene Forderung nach einer strikten Trennung von Verwaltung und Justiz verwirklicht worden wäre. Im Bereich

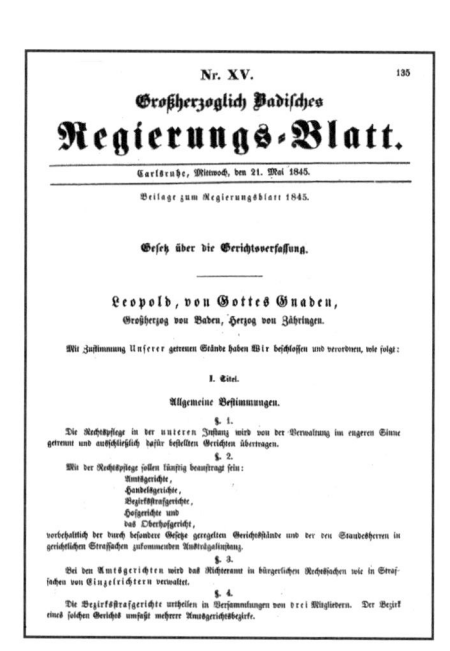

*Großherzoglich Badisches Regierungsblatt vom 21. Mai 1845*

der Strafrechtspflege sollten die Amtsgerichte für die leichten Straffälle zuständig sein und die Schwerstkriminalität den Hofgerichten zugewiesen werden. Für die mittleren Vergehen sollten neuzuschaffende Bezirksgerichte – vergleichbar etwa mit unseren heutigen beim Amtsgericht angesiedelten Schöffengerichten, allerdings ohne Beteiligung von Schöffen – zuständig sein. Insbesondere für die Bezirksgerichte bestand zusätzlicher Baubedarf, so daß der Zeitpunkt des Inkrafttretens des Gesetzes weit hinausgeschoben wurde. Das Bauprogramm wurde in den anschließenden Jahren – auch in Freiburg – verwirklicht, nicht dagegen die vorgesehene Justizreform. So wurde 1848 an der Kaiser-Joseph-Straße der älteste Teil des heutigen Justizkomplexes als Bezirksstrafgerichtsgebäude fertiggestellt, mangels einer entsprechenden Einrichtung aber zunächst als Kaserne genutzt.

1864 wurden im Zuge der Badischen Justizreform die 1857 gebildeten Stadt- und Landamtsgerichte Freiburg zu einem einheitlichen Amtsgericht zusammengefaßt und im Bezirksstrafgerichtsgebäude untergebracht. Das ebenfalls durch die Justizreform von 1864 neugeschaffene Kreis- und Hofgericht Freiburg, Nachfolger des bisherigen Hofgerichts, wurde vom Basler Hof ins Bezirksstrafgerichtsgebäude verlegt und damit eine bereits 1852 erwogene Konzeption umgesetzt. Mit der Reichsjustizreform von 1879 wurde sodann für die ordentliche Gerichtsbarkeit reichsweit der vierstufige Gerichtsaufbau (Amtsgericht, Landgericht, Oberlandesgericht, Reichsgericht in Leipzig) eingeführt und das bisherige Kreis- und Hofgericht am Holzmarkt als Landgericht Freiburg fortgeführt. Das Amtsgericht Freiburg verblieb ebenfalls im einstigen Bezirksstrafgerichtsgebäude.

(2) Landgerichtsgebäude

Bereits 1900 zeigte sich, daß das bisherige Justizgebäude am Holzmarkt für den angestiegenen Geschäftsanfall sowohl des Amts- als auch des Landgerichts nicht mehr ausreiche. Die Raumnot erforderte die Planung eines Erweiterungsbaus, die der Architekt *Adolf Lorenz* (1882-1970) übernahm und mit dessen Ausführung im Kriegsjahr 1915 begonnen wurde. Erst 1921 konnte der im Stil des sogenannten „Dritten Barocks" errichtete monumentale Gebäudeteil, der sich längs zum Holzmarkt erstreckt und auch einen großzügig ausgestalteten Schwurgerichtssaal erhielt, bezogen werden. Im Anschluß folgt – durch einen Torbogen getrennt – die nunmehr auch vom Amtsgericht belegte ehemalige Forstdirektion. 1965 bezog das Landgericht Freiburg das wiedererrichtete Sickingen-Palais in der Salzstraße. Seither wird das Justizgebäude Holzmarktplatz vom Amtsgericht Freiburg und der Staatsanwaltschaft Freiburg genutzt.

(3) NS-Diktatur

Eine berüchtigte Rolle spielte in der NS-Zeit das zum 1. November 1940 errichtete Sondergericht Freiburg, das zusätzlich zu dem bereits 1933 geschaffenen Sondergericht Mannheim für Südbaden zuständig wurde. Das Sondergericht, das 29 Todesurteile fällte, war im damaligen Landgerichtsgebäude untergebracht. Seine Zuständigkeit erstreckte sich auf die Landgerichtsbezirke Freiburg, Offenburg, Waldshut und Konstanz. Während der Kriegszeit fanden im damaligen Landgerichtsgebäude auch auswärtige Sitzungen des Reichskriegsgerichts und des Volksgerichtshofs statt. Eine im Jahre 2004 im Erdgeschoß des heutigen Amtsgerichtsgebäudes angebrachte Gedenktafel erinnert an die Opfer der NS-Justiz.

Während des NS-Regimes gab es an verschiedenen Gerichten regimekritische Gesprächskreise, so auch in Freiburg. Hier traf sich der seit 1927 amtierende, zentrumsnahe Freiburger Landgerichtspräsident Gustav Brugier regelmäßig mit den Richtern Hermann Boetticher, Ludwig Hessel, Otto Welsch, Josef Mayer und dem seit 1934 pensionierten Ministerialdirektor im Badischen Justizministerium Friedrich Schmidt. Ein weiterer Kreis um den späteren Oberlandesgerichtsrat Maximilian Matt (1896-1981) und Rechtsanwalt Otto Riess (1907-1970), nach dem Krieg Präsident der südbadischen Rechtsanwaltskammer, traf sich regelmäßig in einem Freiburger Gasthaus.

(4) Badisches Justizzentrum am Holzmarkt

Nach dem Ende des Zweiten Weltkriegs wurde das südliche Baden und damit auch Freiburg Teil der neugebildeten französischen Besatzungszone. Der nördliche Teil des Landes Baden fiel in die amerikanische Besatzungszone. Durch diese Aufspaltung war eine unterschiedliche Entwicklung im Wiederaufbau von Verwaltung und Justiz bedingt, die dazu führte, daß Freiburg zum neuen Zentrum des sich abzeichnenden Landes (Süd-)Baden werden sollte. Der örtliche Mittelpunkt der neuen Justizorganisation wurde das Justizzentrum am Freiburger Holzmarkt. Mit Verfügung vom 25. September 1945 schuf die französische Militärregierung für Südbaden eine neue Justizzentralverwaltung und übertrug die Leitung der Behörde dem Freiburger Amtsgerichtsrat *Paul Zürcher* (*Näheres hierzu Rundgang IV, Station 3*), einem standhaften Gegner des NS-Regimes. Er amtierte nunmehr als „Chef der Deutschen Justizverwaltung in der französisch besetzten Zone Badens". Diese Behörde wurde im Landgerichtsgebäude am Holzmarkt untergebracht. Zwei Tage später erfolgte die Ermächtigung zur Wiedereröffnung der Landgerichte, Amtsgerichte und Notariate. Am 4. Oktober 1945 wurde im Schwurgerichtssaal des Freiburger Landgerichts unter Vorsitz des „Directeur Régional de la Justice du Pays de Bade" die Wiedereröffnung feierlich vollzogen und Richter, Staatsanwälte, Notare sowie Rechtsanwälte vereidigt. Anschließend wurde die erste Verhandlung der Strafkammer des Landgerichts Freiburg nach Kriegsende eröffnet.

Am 12. Oktober 1945 gab Zürcher in Absprache mit der französischen

Militärregierung bekannt, daß die neue Justizverwaltung von der bisherigen Präsidialabteilung des Oberlandesgerichts Karlsruhe unabhängig sei und Anordnungen aus Karlsruhe nicht mehr befolgt werden dürfen. Damit zeichnete sich ab, daß für Südbaden auch ein eigenständiges Oberlandesgericht gebildet werden wird. Mit Verfügung vom 8. März 1946 ermächtigte die in Freiburg ansässige Direction Régionale de la Justice Paul Zürcher zur Errichtung eines Oberlandesgerichts und einer Staatsanwaltschaft unter Mitteilung, mit welchen Personen die neuen Einrichtungen zu besetzen sind. Am 12. März 1946 wurde im Schwurgerichtssaal das Oberlandesgericht eröffnet und Senatspräsident Albert Wössner sowie die Oberlandesgerichtsräte Günter Kaulbach, Maximilian Matt und Wilhelm Müller vereidigt. Gleichzeitig wurde Professor *Karl Siegfried Bader (Näheres hierzu nachfolgende Station 17)* als neuer Generalstaatsanwalt in sein Amt eingeführt. Die Stelle des Oberlandesgerichtspräsidenten blieb einstweilen unbesetzt. Beide neuen Justizbehörden wurden gleichfalls im Justizgebäude am Holzmarkt untergebracht. Das Badische Oberlandesgericht – so die amtliche Bezeichnung – bestand bei seiner Errichtung zunächst aus einem Zivilsenat und einem Strafse-

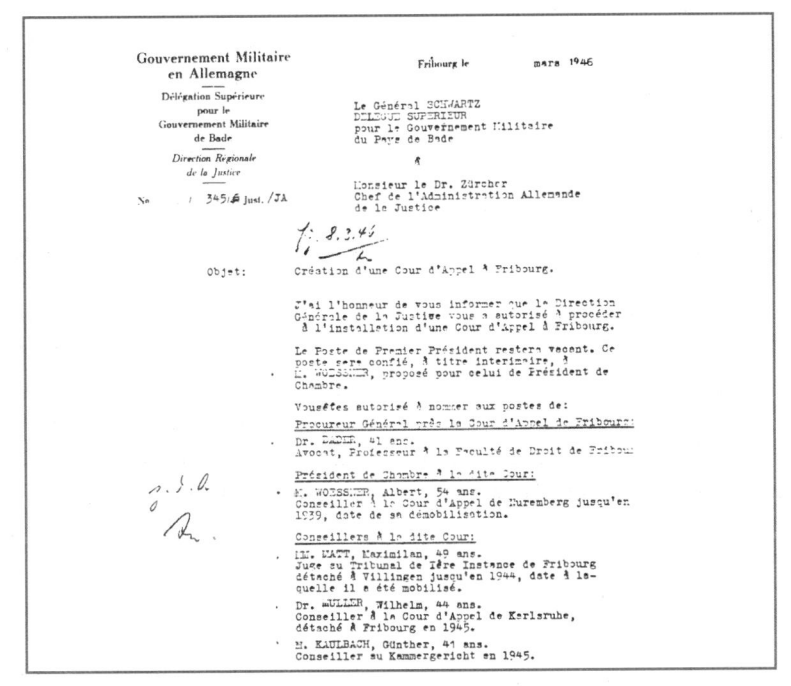

*Anordnung der französischen Militärregierung zur Errichtung des Oberlandesgerichts Freiburg*

nat. Nach der Errichtung des Landes Baden-Württemberg wurde das Oberlandesgericht Freiburg 1953 aufgelöst, die neugebildeten Freiburger Zivilsenate des Oberlandesgerichts Karlsruhe blieben bis 1956 im Landgerichtsgebäude und erhielten anschließend in der Wiehre einen neuen Dienstsitz (*Hierzu Rundgang IV, Station 13*).

Mit Inkrafttreten der neuen Landesverfassung von 1947 hatte das Justizgebäude am Holzmarkt ein weiteres Gericht aufzunehmen: Nach Art.109 Abs. 2 der Verfassung war die Errichtung eines Staatsgerichtshofes vorgesehen, der im wesentlichen über Verfassungsmäßigkeit der Gesetze, etwaige Verbote politischer Zusammenschlüsse und Kompetenzstreitigkeiten befinden sollte.

(5) Tillessen-Prozeß

Der wohl aufsehenerregendste Strafprozeß, der im Freiburger Schwurgerichtssaal am Holzmarkt abgehalten wurde, war das Verfahren gegen den Erzbergermörder *Heinrich Tillessen* (1894-1984), der kurz nach der Besetzung Heidelbergs auf Anordnung der amerikanischen Militärregierung festgenommen worden war. Tillessen sowie ein weiterer Mittäter hatten am 26. August 1921 in der Nähe des Schwarzwaldorts Bad Griesbach den ehemaligen Reichsfinanzminister *Matthias Erzberger* (1875-1921)

*Fahndungsplakat der Badischen Staatsanwaltschaft*

erschossen. Trotz energischer Fahndungsmaßnahmen der badischen Justiz konnten sich die rechtsextremistischen Attentäter der Festnahme durch Flucht ins Ausland entziehen. Im März 1933 kamen sie aufgrund einer Verordnung des Reichspräsidenten, die NS-Straftäter amnestierte und auf Wunsch Hitlers auf die Erzberger-Mörder erstreckt wurde, in den Genuß von Straffreiheit. Im Hinblick auf den Tatort erhob Generalstaatsanwalt Bader, der die Ermittlungen selbst übernommen hatte, Anklage zum Landgericht Offenburg. Die zuständige Strafkammer hielt die NS-Straffreiheitsverordnung für weiterhin wirksam und lehnte im September 1946 die Anordnung der Hauptverhandlung ab. Auf sofortige Beschwerde des Generalstaatsanwalts wies das Oberlandesgericht Freiburg die Strafkammer an, die Hauptverhandlung gegen Tillessen zu eröffnen.

Da in Offenburg kriegsbedingt keine geeigneten Sitzungsräume zur Verfügung standen, wurde die Hauptverhandlung in den Freiburger Schwurgerichtssaal am Holzmarkt verlegt und dort am 25. November 1946 eröffnet. Am 29. November wurde erneut gegen den geständigen Täter Tillessen auf Verfahrenseinstellung erkannt, weil die Strafkammer weiterhin von einer Gültigkeit der Straffreiheitsverordnung ausging. Diese als *Schandurteil von Freiburg* bezeichnete Entscheidung wurde sofort revidiert. Noch im Sitzungssaal wurde Tillessen von Beamten der französischen Geheimpolizei festgenommen und in das französische Internierungslager in Freiburg-Betzenhausen verbracht. Obwohl sicher war, daß Generalstaatsanwalt Bader die Entscheidung der Strafkammer mit dem zum Oberlandesgericht Freiburg führenden Rechtsmittel der Revision angreifen würde, machte die französische Besatzungsmacht von dem ihr zustehenden Recht der Evokation Gebrauch und gab die Sache an das französische Tribunal Général in Rastatt ab, das die Entscheidung der Strafkammer aufhob und das Verfahren an das Landgericht Konstanz zur weiteren Verhandlung und Entscheidung verwies. Dort wurde Tillessen im Februar 1947 wegen Mordes zu einer 15jährigen Zuchthausstrafe verurteilt. Die französische Militärregierung beschränkte sich aber nicht auf die Evokation. Sie berief den Strafkammervorsitzenden *Rudolf Göring* (1883-1964) ab und kündigte die Einleitung einer Untersuchung an. Gegen diesen krassen Eingriff in die richterliche Unabhängigkeit wandte sich Zürcher mit einem mutigen Protestschreiben an den französischen Gouverneur und bat um Entbindung von seiner Tätigkeit als Chef der Justizverwaltung. Zürcher, der in seinem Protestschreiben ausdrücklich die Ansicht der Strafkammer als rechtsfehlerhaft bezeichnete und auf die bereits eingelegte Revision des Generalstaatsanwalts Bezug nahm, wurde von der französischen Militärregie-

*Generalstaatsanwalt Karl S. Bader*

rung seines Amts suspendiert und ihm die Einlieferung in ein Internierungslager angedroht. Gemäßigte Kreise in der französischen Militärverwaltung konnten aber bald eine Änderung des bisherigen Kurses erreichen, die schließlich im April 1947 zur Ernennung Zürchers zum Präsidenten des Badischen Oberlandesgerichts Freiburg führte. Wenig später wurde der mutige Richter zudem vom zwischenzeitlich einberufenen Landtag zum Präsidenten des neuen Staatsgerichtshofs gewählt.

**❶❻ Amtsgericht Freiburg**
Holzmarkt 2

Das Amtsgericht Freiburg hat seit 1983 als Dienstvorstand einen Präsidenten und untersteht damit nicht mehr der Dienstaufsicht des Freiburger Landgerichtspräsidenten, sondern dem Präsidenten des Oberlandesgerichts Karlsruhe. Das Amtsgericht ist gegenwärtig mit etwa 45 Richtern besetzt. Der Bezirk des für überwiegend kleinere Zivil- und Strafsachen zuständigen Eingangsgerichts erfaßt neben der Stadt Freiburg folgende Ortschaften: Au, Bötzingen, Buchenbach, Ebringen, Eichstetten, Glottertal, Gottenheim, Gundelfingen, Heuweiler, Horben, Kirchzarten, Oberried, March, Merzhausen, Pfaffenweiler, Sankt Märgen, Sankt Peter, Schallstadt, Sölden, Stegen, Umkirch sowie Wittnau. Die örtliche Zuständigkeit des Amtsgerichts Freiburg erstreckt sich in Familien- und Zwangsversteigerungssachen auf die Amtsgerichtsbezirke Breisach, Müllheim, Staufen und Titisee-Neustadt. Die örtliche Zuständigkeit des Amtsgerichts Freiburg in Insolvenzverfahren erstreckt sich auf die Amtsgerichtsbezirke Breisach, Emmendingen, Ettenheim, Kenzingen, Müllheim, Staufen, Waldkirch, Titisee-Neustadt. Die örtliche Zuständigkeit des Amtsgerichts Freiburg in Handelsregistersachen bezieht sich auf ganz Südbaden (Landgerichtsbezirke Freiburg, Konstanz, Offenburg und Waldshut-Tiengen).

Seit der Notariatsreform von 2018, die zur Auflösung der bisherigen staatlichen Amtsnotariate im Landesteil Baden geführt hat, ist das Amts-

*150 Jahre Amtsgericht Freiburg, 1857-2007*

gericht auch zuständig als Nachlaß- und Grundbuchgericht. Die hierfür zuständige Abteilung des Amtsgerichts Freiburg befindet sich am Fahnenbergplatz.

*Wir verlassen nun den Holzmarkt und gehen die Kaiser-Joseph-Straße weiter stadteinwärts. Das zweitletzte Haus vor dem Martinstor auf der rechten Straßenseite ist unsere nächste Station.*

### ⓱ Anwaltskanzlei Bader am Martinstor

*Karl S. Bader*

*Karl Siegfried Bader*, geboren am 27. August 1905 in Waldau bei St. Märgen (Hochschwarzwald), gehört zu den profiliertesten Freiburger Juristen der Nachkriegszeit. Als Generalstaatsanwalt baute er die südbadische Justiz zusammen mit Paul Zürcher wieder auf. An der Freiburger Juristenfakultät begründete er im Wintersemester 1946/47 das *Badische Seminar*, das sich mit der Rechts- und Verfassungsgeschichte Badens befaßte und namhafte wissenschaftliche Beiträge hervorbrachte. 1941/42 hatte er sich bereits an der Fakultät habilitiert und wurde zum Dozenten für Rechtsgeschichte sowie Privat- und Kirchenrecht berufen. Aus politischen Gründen wurde ihm eine Professur verwehrt. Im Herbst 1933 mußte er aus dem badischen Justizdienst ausscheiden, weil seine Frau jüdischer Herkunft war. Am Martinstor eröffnete er eine Rechtsanwaltskanzlei, die er eine zeitlang mit *Hans Eisele*, Enkel des Freiburger Rechtshistoriker und Romanisten *Fridolin Eisele* (1837-1920) gemeinsam führte. Immer wieder vertrat Bader bedrängte jüdische Mitbürger und andere politisch Verfolgte. Auch *Gertrud Luckner* (1900-1995), die unter Einsatz ihres Lebens zahlreiche verfolgte Mitbürger unterstützte, gehörte zu den Schützlingen des couragierten Anwalts. Als Bader Anfang 1941 zur Wehrmacht einberufen wurde, mußte er seine Kanzlei schließen. Sein Sozius Eisele, später in Rußland gefallen, war bereits 1940 eingezogen worden.

1951 verließ Bader Freiburg. Für kurze Zeit hatte er einen rechtsgeschichtlichen Lehrstuhl an der Universität

Mainz inne, um sodann ab 1953 an der Universität Zürich Schweizer und Deutsche Rechtsgeschichte zu lehren. Diese Rückkehr in den Süden entsprach nicht zuletzt seiner tiefen landsmannschaftlichen Verwurzelung im alemannischen Raum. 1962 lehnte er das ihm angetragene Amt des Generalbundesanwalts in Karlsruhe ab. Ein reiches rechtshistorisches und landeskundliches Werk hinterlassend verstarb Bader am 13. September 1998 in Zürich.

*Dann folgen wir der Kaiser-Joseph-Straße zum Bertoldbrunnen und biegen rechts in die Salzstraße ein. Wir passieren das Gebäude des Stadtarchivs Freiburg (Eingang Grünwälderstraße 15) und gelangen schließlich zum Neuen Justizgebäude; gegenüberliegend sehen wir das Landgerichtsgebäude.*

**⓳  Ehemalige Deutschordenskommende**
(Neues Justizgebäude)
Salzstraße 28

In den Jahren 1768 bis 1774 errichtete *Franz Anton Bagnato* (1731-1810), Baudirektor der Ballei Elsaß-Burgund des Deutschen Ritterordens, die Deutschordenskommende in der Salzstraße. Dort besaßen die Deutschherren bereits umfangreichen Hausbesitz, insbesondere zwei stattliche Bürgerhäuser, die während der französischen Belagerung Freiburgs stark beschädigt wurden und abgerissen werden mußten. Auf diesem Gelände wurde der von Bagnato entworfene Neubau errichtet. Die breitgelagerte Fassade erstreckte sich über 13 Fensterachsen. Die mittleren drei Achsen wurden in einem übergiebelten Risalit zusammengefaßt. Mit der Aufhebung des Deutschen Ordens 1806 gelangten die Liegenschaften der Freiburger Kommende an den badischen Staat, der in der Deutschordenskommende zunächst die Kreisregierung unterbrachte, nach 1870 folgte sodann das Hauptsteuer- und Zollamt. Beim verheerenden Fliegerangriff am 27. November 1944 wurde die Kommende bis auf Teile der Fassaden

*Das alte Hauptportal, 1912*

zerstört. 1982 wurde mit dem Wiederaufbau des Gebäudes begonnen, wobei die zur Salzstraße gelegene Fassade nach der ursprünglichen Konzeption errichtet wurde. Der Innenausbau entspricht dagegen modernen Planungsvorstellungen. 1986 wurde das Gebäude fertiggestellt und den Justizbehörden übergeben.

Im Gebäude sind die nunmehr sieben auswärtigen Zivilsenate des Oberlandesgerichts Karlsruhe sowie sechs Kammern des benachbarten Landgerichts Freiburg untergebracht. Ferner finden in diesem Gebäude die mündlichen Prüfungen für das Erste juristische Staatsexamen der Freiburger Außenstelle des Landesjustizprüfungsamtes Baden-Württemberg statt. Das Oberlandesgericht Karlsruhe ist als Berufungsgericht zuständig für Rechtsmittel aus dem badischen Landesteil gegen Entscheidungen der Landgerichte in Zivilsachen sowie der Amtsgerichte in Familiensachen. In Strafsachen entscheidet es als Revisionsgericht gegen Entscheidungen der Landgerichte, soweit nicht die Zuständigkeit des Bundesgerichtshofs (schwere Kriminalität) begründet ist. Insgesamt sind drei Strafsenate und zweizwanzig Zivilsenate eingerichtet. Dem gesamten Gericht gehören 90 Richter – einschließlich neun Professoren als Richter im Nebenamt – an

**⑲ Ehemaliges Palais Sickingen, Landgericht Freiburg**
Salzstraße 17

Das ehemalige Palais Sickingen, das ebenfalls beim Fliegerangriff vom 27. November 1944 zerstört worden war, wurde in den Jahren 1962 bis 1965 als neues Dienstgebäude für das Landgericht Freiburg wieder aufgebaut. Die eindrucksvolle Außenfassade wurde unter teilweiser Verwendung alter Materialien rekonstruiert. Der Innenausbau hat die alte Baustruktur nicht mehr aufgenommen, sondern folgt einer modernen Konzeption. Während zur Salzstraße der dreigeschossige Aufbau unter Einfügen des Schwurgerichtssaals sowie der Bibliothek beibehalten wurde, weist der Innenbau zur Schusterstraße eine fünfgeschossige Gliederung auf.

(1) Zur Geschichte des Gebäudes

Das ehemalige Palais wurde in den Jahren von 1769 bis 1773 durch den bekannten französischen Baumeister *Pierre Michel d'Ixnard* (1723-1795) für Freiherrn *Ferdinand Sebastian von Sickingen-Hohenburg* (1715-1772) errichtet, dessen Sohn Casimir den Neubau 1773 einweihen konnte. Das Palais galt als eines der Hauptwerke des Übergangs zwischen Spätbarock und frühem Klassizismus im südwestdeutschen Raum. Als der Breisgau 1806 badisch wurde, ging die Familie Sickingen nach Österreich. Sie verkaufte das repräsentative Palais an den badischen Staat, der es als Dienstsitz für den Besitzergreifungskommissär *Carl Wilhelm Freiherr Drais von Sauerbronn* (1755-1830), Vater des berühmten Erfinders des Laufrads, nutzte.

Drais hatte an der Universität in Altdorf bei Nürnberg Rechtswissenschaften studiert und war 1777 in den badischen Staatsdienst eingetreten. Nach unterschiedlichen Aufgaben als Obervogt und Landvogt in mehreren badischen Enklaven wurde er 1803 zum Hofrichter in Rastatt ernannt. Dort veröffentlichte er eine Schrift über die *Entscheidungskraft der Formalien im Civilprozeß*. Der Friede von Preßburg sah vor, daß der Breisgau einschließlich Freiburg Baden zufallen sollte. Kurfürst Karl Friedrich betraute Drais mit der nicht einfachen Aufgabe, die Übernahme der neuen Territorien vor Ort zu gewährleisten. Als Leiter der hierfür bestellten Hofkommission reiste Drais am 13. Januar 1806 von Karlsruhe ab und traf zwei Tage später in Freiburg ein. Die vorgesehene Übergabe verzögerte sich allerdings, so daß Drais länger blieb, als zunächst vorgese-

*Das Palais Sickingen als Großherzogliches Palais, vor 1914*

*Blick auf das Palais, nördliche Salzstraße*

hen. Erst am 15. April übergab der französische Stadtkommandant in einer Feier im Freiburger Münster den Breisgau und die ebenfalls an Baden gelangte Ortenau an Drais. Vor Ort erstellte Drais *Unmasgebliche Propositions Puncte die nächstkünftige Administration des Breisgaus und der Ortenau betreffend*, in denen er, ebenso wie *Friedrich Brauer* (1754-1813), der in Karlsruhe mit der organisatorischen Eingliederung der neuen Territorien betraut war, ein behutsames Vorgehen empfahl. Auf Drais und Brauer geht der weitreichende Vorschlag zurück, die Universität Freiburg neben der zum damaligen Zeitpunkt ungleich bedeutenderen Universität Heidelberg als zweite Landesuniversität fortbestehen zu lassen. Seine Aufgabe soll Drais gut erfüllt haben, alle unnötigen Schärfen vermeidend hat er den Breisgauern, die noch lange der Zugehörigkeit zu Österreich nachtrauern sollten, den ungeliebten Übergang einigermaßen erleichtert. 1807 wurde Drais als Nachfolger des im Dienst verstorbenen, ersten Oberhofrichters *Felix Heinrich Ludwig Freiherr Rüdt von Collenberg* (1752-1806) mit der Leitung des badischen Oberhofgerichts betraut. Dieses Amt versah Drais bis zu seinem Tod am 2. Februar 1830, die längste Dienstzeit, die je ein badischer Chefpräsident ableisten konnte. Sein Portrait, das ihn mit schlichter Kopfbedeckung, leicht verschmitzt lächelnd zeigt, befindet sich in der – auch kunsthistorisch – bedeutsamen Präsidentengalerie im Hauptgebäude des Oberlandesgerichts in Karlsruhe.

Beim Durchmarsch der alliierten Truppen 1813/14 durch Freiburg nahm Zar *Alexander I.* (1777-1825), Kaiser *Franz I.* von Österreich (1768-1835) sowie König *Friedrich Wilhelm III.* von Preußen (1770-1840) Quartier im Palais Sickingen. In den Folgejahren diente das Palais als

*Carl Wilhelm Freiherr von Drais*

Freiburger Sitz der badischen Großherzöge bei ihren Besuchen in Freiburg. 1885 nutzte Erbgroßherzog Friedrich das Palais als Freiburger Wohnsitz. In dieser Zeit wurde das Anwesen als Erbgroßherzogliches Palais bezeichnet, später wurde diese Bezeichnung für das 1897 fertiggestellte und 1903 von Friedrich bezogene Karlsruher Palais an der Herrenstraße übernommen, heute Sitz des Bundesgerichtshofs. Das Sickingen-Palais wurde von Friedrich auch nach seiner Ernennung zum Großherzog im Jahre 1907 weiterhin als Freiburger Domizil genutzt. Seither wurde die Bezeichnung Großherzogliches Palais üblich. Nach seiner Abdankung als Großherzog verlegte Friedrich II. seinen Wohnsitz wieder nach Freiburg und bezog erneut das Palais. Dort blieb er bis zu seinem Tod im Jahre 1928. Seine Frau, Großherzogin *Hilda* (1864-1952), wohnte im Palais bis zur Zerstörung durch den Fliegerangriff am 27. November 1944.

(2) Zuständigkeit des Landgerichts

Das Landgericht Freiburg ist gegenwärtig mit etwa 40 Richtern besetzt, die in zwölf Zivilkammern, zwei Kammern für Handelssachen sowie zehn Strafkammern Dienst tun. Das Landgericht ist sowohl als Berufungs- wie auch als Eingangsgericht für Zivil- und Strafsachen tätig. Zum Gerichtsbezirk gehören die Amtsgerichte

*Friedrich Brauer*

Freiburg, Breisach, Emmendingen, Ettenheim, Kenzingen, Lörrach, Müllheim, Staufen, Titisee-Neustadt und Waldkirch. Im Einzugsgebiet des Landgerichts leben etwa 780.000 Einwohner. Zum Bezirk des Landgerichts gehörten zudem zwölf Notariate - Badisches Amtsnotariat - mit Sitz am Ort der oben erwähnten Amtsgerichte sowie in Kandern und Kirchzarten. Die Notariate wurden zum 1. Januar 2018 aufgelöst; seitdem werden die Aufgaben von freien Notaren wahrgenommen. Für die Nachlaß- und Grundbuchsachen sind nunmehr die Amtsgerichte zuständig.

*Von der Salzstraße gelangen wir durch die Augustinergasse in die nördlich gelegene Schusterstraße und haben die Gelegenheit den rückwärtigen Bereich des Landgerichtsgebäudes anzuschauen. Der Innenhof, der einen Teich und eine Terra-*

*cottaplastik aufweist, und zunächst auch für die Öffentlichkeit zugänglich gewesen ist, mußte im Hinblick auf die Sicherheitsbelange des Gerichts bereits wenige Jahre später durch ein Trenngitter abgesperrt werden. Wir durchlaufen nun die Schusterstraße in östlicher Richtung und stoßen auf die Herrenstraße, die wir in nördlicher Richtung begehen. Wenig später erreichen wir den eindrucksvollen, in die angrenzende Schoferstraße hineinreichenden Gebäudekomplex des 1906 fertiggestellten Erzbischöflichen Ordinariats.*

**㉐ Erzbischöfliches Ordinariat**
Herrenstraße/Ecke Schoferstraße

Der am 8. Mai 1911 in Konstanz geborene spätere Bundesverfassungsrichter *Julius Federer* entstammte einer alteingesessenen Freiburger Handwerkerfamilie. Er studierte in München, Freiburg und Heidelberg Rechtswissenschaften. In Freiburg nahm er an rechtshistorischen Seminaren der Professoren *Konrad Beyerle* und *Claudius Freiherr von Schwerin* teil, in denen seine Neigung zur Rechtsgeschichte gefördert wurde. 1938 schied der damalige Gerichtsassessor Julius Federer aus dem badischen Justizdienst aus und erhielt eine Anstellung als Finanzrechtsrat beim Erzbischöflichen Ordinariat (Katholischer Oberstiftungsrat). Diese bewußt vollzogene

*Großherzog Karl Friedrich*

Entscheidung kann als innere Emigration des gläubigen Katholiken gedeutet werden.

Nach Kriegsdienst und Gefangenschaft konnte Federer bereits im November 1945 seine bisherige Tätigkeit im Oberstiftungsrat wieder aufnehmen. Die Voraussetzungen, die ihn in die Kirchenverwaltung eintreten ließen, waren nach Ende des NS-Regimes weggefallen, so daß er im Herbst 1947 wieder in den Justizdienst überwechselte. Bereits ein Jahr zuvor hatte er – im Nebenamt – die Stelle eines Richters am Badischen Verwaltungsgerichtshof in Freiburg übernommen. Neben seiner richterlichen Tätigkeit blieb Federer auch der Freiburger Fakultät verbunden. In dem von Karl Siegfried Bader (*Hierzu vorstehende Station 17*) begründeten Seminar für Rechts- und Verfassungsgeschichte, dem sogenannten Badischen Seminar, arbeitete er von Anfang an mit. Federers 1947 abgeschlossene Dissertation *Beiträge zur Geschichte des Badischen Landrechts* ist hier entstanden. Die Schrift wies den Einfluß des badischen Landrechts auf die gesamtdeutsche Rechtsentwicklung nach und zeigte auf, wie unter der Geltung des badischen Landrechts in Baden eine eigenständige Wissenschaft des französischen Zivilrechts entstehen konnte, die mit der französischen Rechtswissenschaft „gebend und nehmend" verbunden war.

Die Zugehörigkeit Federers zu Baden zeigte sich auch in seinem Engagement anläßlich der Wiederbegründung des Landesvereins Badische Heimat in der Nachkriegszeit. In einem eingehend begründeten Rechtsgutachten wies er Anfang 1950 nach, daß nach den Bestimmungen des Grundgesetzes und der (süd-)badischen Landesverfassung eine Vereinstätigkeit in ganz Baden, mithin in der damaligen amerikanischen und französischen Besatzungszone, zulässig ist. Hierdurch konnten anfängliche Widerstände der französischen Militärverwaltung, die sich für eine nur auf Südbaden begrenzte Vereinstätigkeit ausgesprochen hatte, überwunden werden.

Im Justizgebäude am Holzmarkt machte Federer in atemberaubender Geschwindigkeit Karriere. Noch 1947 erfolgte seine Ernennung zum Landgerichtsrat, zwei Jahre später amtierte er als Oberlandesgerichtsrat. Im April 1948 wurde ihm zudem das Amt eines Richters am Badischen Staatsgerichtshof übertragen. 1950 folgte noch ein weiteres Nebenamt als Richter am Obergericht für Rückerstattungssachen in Rastatt.

Im September 1951 nahm Federer im Prinz-Max-Palais in Karlsruhe seine Tätigkeit als Richter des Bundesverfassungsgerichts auf und verlegte seinen Wohnsitz in die neue Residenz des Rechts. Mit gerade 40 Jahren hatte er das gesetzlich vorgeschriebene

*Julius Federer*

Mindestalter für Bundesverfassungsrichter knapp überschritten und war doch das einzige Mitglied des neu geschaffenen Verfassungsorgans, das über eine eigene Erfahrung als Verfassungsrichter verfügte. Fünf Jahre später setzte ihn die Freiburger Fakultät auf Position 1 der Berufungsliste für die Nachfolge von *Wilhelm Grewe* (1911-2000), der seinen Freiburger Lehrstuhl für Öffentliches Recht aufgab, um eine führende Stellung im Auswärtigen Amt in Bonn zu übernehmen. Das zuständige Ministerium in Stuttgart verhandelte aber nur mit dem auf Platz 3 der Liste stehenden Göttinger Privatdozenten *Konrad Hesse* (1919-2005), der den Ruf annahm und bis zu seiner Emeritierung an der Fakultät blieb.

Sechzehn Jahre lang war Julius Federer Mitglied des Zweiten Senats des Bundesverfassungsgerichts. Die Richter dieses Senates mußten bereits einen Tag nach der Aushändigung der Ernennungsurkunden ihre erste Entscheidung treffen. Es handelte sich um eine einstweilige Anordnung in dem „Verfassungsstreit betreffend das Zweite Gesetz über die Neugliederung in den Ländern Baden, Württemberg-Baden und Württemberg-Hohenzollern vom 4. Mai 1951", den die südbadische Staatsregierung angestrengt hatte. Daß Federer mit der Hauptsache-Entscheidung in dem Südweststaats-Prozeß, die am 23. Oktober 1951 verkündet wurde und mit der die umstrittenen Abstimmungsmodalitäten bestätigt wurden, nicht einverstanden war, ist nahe liegend. Offiziell ist dies aber nicht bekannt, weil den Bundesverfassungsrichtern in der Anfangszeit die Veröffentlichung abweichender Meinungen noch nicht gestattet war. Federer war bereits 1950 und später mehrfach dafür eingetreten, ein offizielles Minderheitenvotum zuzulassen. Von der Möglichkeit einer gerichtsinternen *dissenting opinion* machte er zuweilen Gebrauch. Belegt ist dies beispielsweise für das Konkordatsurteil, das sich auf die völkerrechtliche und innerstaatliche Geltung des Reichskonkordats bezog. Als Berichterstatter war er überwiegend mit Verfahren aus dem Bereich des Straf- und Strafverfahrensrechts

*Ausstellung Rechtsdenkmäler am Oberrhein.*
*Julius Federer, Bundesverfassungsrichter Ernst Friesenhahn, Bibliotheksdirektor Franz Schmitt (r.)*

betraut. Hierzu zählt auch das gewichtige Urteil vom 6. Juni 1967, durch das Bestimmungen der Abgabenordnung, nach denen Finanzämter Kriminalstrafen verhängen konnten, für nichtig erklärt wurden. Im Jahre 1959 wurde Federer auf weitere acht Jahre gewählt. 1967 verzichtete er aus gesundheitlichen Gründen auf eine Wiederwahl.

Als passionierter Rechtshistoriker war Federer auch ein Sammler rechtsgeschichtlicher Werke. Seine Bibliothek, eine der schönsten rechtshistorischen Privatsammlungen Deutschlands mit etwa 10.000 Bänden, umfaßte ganz erlesene Exemplare, insbesondere auch Handschriften und Wiegendrucke. Eines seiner ersten Stücke war, erworben mit dem so genannten Kopfgeld der Währungsreform von 1948, ein Original der *Nüwen Stattrechte zu Fryburg im Prissgow*. Anläßlich des 45. Deutschen Juristentages in Karlsruhe konzipierte Julius Federer im September 1964 eine Ausstellung in der Badischen Landesbibliothek über Rechtsdenkmäler am Oberrhein. Aus der eigenen Sammlung sowie von anderen Leihgebern wurden wertvolle Handschriften der Volksrechte, des römischen, kanonischen und mittelalterlichen deutschen Rechts sowie rechtswissenschaftliche Druckschriften aus dem 15. bis 19. Jahrhundert gezeigt. Das Freiburger Stadtrecht von 1520 mit Druckstöcken der Holbein-Holzschnitte durfte hierbei nicht fehlen. In diesem aussagekräftigen Panorama spiegelte sich die tausendjährige Rechtsentwicklung am Oberrhein wider. Bereits 1961 hielt Federer in Freiburg einen Vortrag über Miniaturen aus alten Rechtshandbüchern. Gegen Ende seines Lebens beteiligte er sich tatkräftig am Aufbau des Rechtshistorischen Museums in Karlsruhe. Federer, der nach Alexander Hollerbach den Typus eines *rechtshistorisch gelehrten Richters* in einer bewegten Umbruch- und Gründerzeit glaubwürdig repräsentierte, verstarb am 20. Januar 1984 in Karlsruhe.

*Wir überqueren die Schoferstraße und sehen vor der Konviktskirche ein schlichtes Denkmal, das an den katholischen Priester und Volksschriftsteller Alban Stolz (1808-1883) erinnert. Im Hintergrund steht das vor kurzem wiedererrichtete Andlausche Haus, ein Begegnungszentrum der Erzdiözese, das dem Platz seinen natürlichen Abschluß wiedergibt. Auf der gegenüberliegenden Straßenseite sehen wir die Münsterbauhütte, die uns zum Münsterplatz führt. Nach wenigen Schritten stoßen wir auf das Gebäude der Alten Wache.*

*Hauptwache (links) mit Wentzingerhaus*

### ㉑ Ehemalige Hauptwache

Die ehemalige Hauptwache der österreichischen Wachgarnision wurde 1733 von Zimmermeister Johann Martin Vonderlew und Maurermeister Martin Glonig nach Plänen des kaiserlichen Feldzeugmeisters Graf Hermann von Hohenzollern errichtet. Auch nach der Übernahme Freiburgs durch das Großherzogtum Badens blieb die Hauptwache erhalten. Während des Struve-Blind-Prozesses (*Näheres hierzu nachfolgende Station 25*) diente sie als Arrestlokal für die Angeklagten.

Die alte Wache, wie das Gebäude heute vielfach bezeichnet wird, ist eines der wenigen Bauten am Münsterplatz, das den Zweiten Weltkrieg nahezu unversehrt überstanden hat. Jahrzehntelang wurde es als öffentliche Toilette genutzt. Seit mehr als zwanzig Jahren ist hier das Haus der badischen Weine untergebracht, als Repräsentanz für das drittgrößte Weinanbaugebiet Deutschlands.

*Von der Hauptwache gehen wir wenige Schritte weiter und gelangen zu dem Wentzingerhaus. Hier ist heute das mit vielen sehenswerten Exponaten ausgestattete Freiburger Museum für Stadtgeschichte untergebracht. Dann erreichen wir das in tiefrot gehaltene Gebäude des Kaufhauses.*

### ㉒ Historisches Kaufhaus

Das Gebäude wurde 1520 bis 1532 mutmaßlich von Baumeister *Lienhart Müller* aus Ettlingen errichtet. Kaiser *Wilhelm I.* (1797-1888) kam 1876 anläßlich der Einweihung des Siegesdenkmals nach Freiburg und wurde im oberen Saal des Kaufhauses feierlich empfangen. Seither wird dieser Raum Kaisersaal genannt. Im Kaufhaus trat im November 1946 die beratende Landesversammlung zusammen, um die Verfassung für das neugebildete Land (Süd-)Baden zu erarbeiten. Bereits Ende November 1946 lag ein von *Alfred Schühly* (*Näheres hierzu Rundgang IV, Station 16*), Leiter der Verfassungsabteilung des Innenministeriums, *Paul Zürcher* (*Näheres hierzu Rundgang IV, Station 3*), Chef des Justizwesens sowie Professor *Theodor Maunz* (*Näheres hierzu Rundgang IV, Station 16*) erarbeiteter erster Entwurf vor. Dieser Entwurf mußte auf Intervention der französischen Militärregie-

*Der Kaisersaal*

*Historisches Kaufhaus*

rung, die auch auf den weiteren Verlauf der Verfassungsberatungen unmittelbar Einfluß nahm, erheblich abgeändert werden.

Die von der Landesversammlung im Einvernehmen mit der Provisorischen Landesregierung unter Leo Wohleb beschlossene Verfassung wurde durch Volksabstimmung am 18. Mai 1947 angenommen und trat als *Staatsgrundgesetz des Landes Baden* einen Tag später in Kraft. Die 130 Artikel umfassende Verfassung konstituierte das Land als normorientierte wehrhafte Demokratie (Hans Fenske). Manche ihrer Bestimmungen, wie etwa die Errichtung eines Staatsgerichtshofs mit der Befugnis, die Verfassungsmäßigkeit von Gesetzen zu überprüfen, das Recht auf Kriegsdienstverweigerung und das – durch Urteil des Staatsgerichtshofes festzustellende – Verbot verfassungswidriger Parteien, fanden Eingang in das zwei Jahre später verabschiedete Grundgesetz für die Bundesrepublik Deutschland. Bis zur Auflösung des Landes im Zuge der Bildung des Landes Baden-Württemberg war das Kaufhaus Tagungsort des Badischen Landtages.

*Von dort sind es wieder nur wenige Meter, um zum Haus zum Ritter zu gelangen.*

*Haus zum Ritter*

**㉓ Haus zum Ritter**
erster Dienstsitz des Hofgerichts Freiburg

Das 1756 von dem Basler Baumeister *Johann Jacob Fechter* (1717-1797) für die Breisgauer Ritterschaft als Gesellschaftshaus erbaute repräsentative Gebäude wurde bereits zehn Jahre später an die Breisgauischen Landstände veräußert, die es als Ständisches Landhaus nutzten. Hier versammelten sich die Prälaten, Ritter und die Vertreter der 13 breisgauischen Städte. Nach dem Übergang des Breisgaus an Baden wurden die Landstände aufgelöst und das Gebäude vom badischen Staat übernommen.

Am 28. Oktober 1807 wurde im Haus zum Ritter das neugebildete großherzogliche Hofgericht Freiburg eröffnet, das auch die Aufgaben des nach dem ersten Organisationsedikt von 1803 für die damalige Provinz Oberes Fürstentum in Meersburg errichteten Hofgerichts übernahm. Es trug die Bezeichnung Hofgericht des Oberrheins. Durch großherzogliche Verordnung vom 24. Juli 1813 wurden vom Bezirk des Hofgerichts Freiburg der See- und Donaukreis abgetrennt und hierfür in Meersburg ein viertes Hofgericht geschaffen. Seither war das Freiburger Hofgericht nur noch zuständig für den Dreisam- und für den Wiesenkreis.

*Hermann Vicari*

Im Erdgeschoß befanden sich zwei dreifenstrige Räume zu beiden Seiten des Eingangsbereichs sowie im rückwärtigen Bereich ein großer Raum mit dorischen Mittelsäulen, Wandpilastern und einem Kreuzgratgewölbe. Es wird angenommen, daß hier das Archiv sowie die Registratur untergebracht waren, während die eigentlichen Geschäftsräume im Obergeschoß lagen. Dort befand sich über dem Portal der 80 Quadratmeter große Kommissionssaal, dessen heutige reiche Ausstattung damals allerdings noch nicht vorhanden war.

Einer der ersten am Hofgericht Freiburg tätigen Richter war *Josef Carl Alexander Sebastian Reichlin von Meldegg* (1769-1812). Er war zunächst Auditor im Fürstlich-fürstenbergischen Diensten. Danach arbeitete er einige Jahre als Advokat in Meersburg. 1804 trat Reichlin von Meldegg in den badischen Staatsdienst über und wurde zunächst in der Verwaltung beschäftigt. 1807 wurde er zum Rat am Hofgericht Freiburg ernannt. Doch schon im Februar 1812 verstarb er. In einer Mitteilung des Hofgerichts Freiburg hieß es, er hinterlasse eine Witwe und drei kleine Kinder „ohne Vermögen in den dürftigsten bedauernswürdigsten Umständen". Eines der Kinder war Joseph Reichlin von Meldegg (*Näheres hierzu vorstehende Station 13*), Verfasser der denkwürdigen Erinnerungen eines badischen Beamten.

1824 wurde das Hofgericht in den nahegelegenen Basler Hof verlegt und das Haus zum Ritter dem neugeschaffenen Erzbistum Freiburg übertragen. Lange Zeit diente das Gebäude als Erzbischöfliches Palais. Nunmehr ist dort die erzbischöfliche Dommusikschule untergebracht.

Viele Jahre amtierte im Haus zum Ritter Erzbischof *Hermann Vicari* (1773-1868), der als Athanasius von Freiburg in die Kirchengeschichte einging. Vor seiner theologischen Ausbildung hatte Vicari ein juristisches Studium mit Promotion in Wien absolviert. Im badischen Kirchenstreit war er der maßgebliche Vertreter der katholischen Kirche. Am 18. Mai 1854 leitete das Staatsministerium in Karlsruhe eine strafgerichtliche Untersuchung gegen den Erzbischof „wegen Amtsmißbrauchs zur Gefährdung der öffentlichen Ruhe und Ordnung" ein. Die Beschuldigung stützte sich auf den sogen. Haß- und Verachtungs-Paragraphen 631 a-c des badischen Strafgesetzbuches. Einen Tag später eröffnete das Amt Freiburg die Untersuchung und Amtmann von Senger unterzog den Erzbischof nach dem Ende der Ordinariatssitzung einem mehrstündigen Verhör. Die trotz der Verwahrung des Erzbischofs und des Domkapitels von dem Untersuchungsrichter im Palais des Erzbischofs vorgenommene Haussuchung nach der Urschrift der Verordnung vom 5./11. Mai verlief ergebnislos. Einen Tag später erhob der Erzbischof bei dem Hofgericht Freiburg den Competenzconflict und legte bei dem Staatsministerium feierliche Verwahrung ein. Auch eine Durchsuchung der erzbischöflichen Kanzlei blieb erfolglos, ebenso eine Haussuchung bei dem Hofkaplan. Schließlich wurde gegen den Erzbischof Untersuchungshaft verhängt. Der Erzbischof wurde in seinen Gemächern, auch während er in seiner Hauskapelle celebrierte, von Gendarmen bewacht und jeder Verkehr mit seinen Hausgenossen untersagt. Der Untersuchungsrichter hob schon am 30. Mai die gegen den Erzbischof verhängte Haft auf. Daß Vicari nicht ins Gefängnis kam, war

*August Lamey*

wohl auch dessen Alter und Gesundheitszustand geschuldet. Er war zu dieser Zeit 81 Jahre.

Der Umstand, daß das Verfahren nach wenigen Tagen nicht weiterbetrieben wurde, ist wohl in erster Linie dem damaligen Freiburger Rechtsanwalt *August Lamey* (1816-1896) zu verdanken, den der Erzbischof mit seiner Verteidigung betraute. Daß Lamey zum Verteidiger berufen wurde, war mehr als ungewöhnlich: Er war Liberaler und zudem Protestant. Lamey hob bei seiner Verteidigung hervor, der entstandene Kompetenzkonflikt zwischen Staat und Kirche müsse durch staatsrechtliche Verträge, nicht durch ein Strafverfahren entschieden werden. Mehrere Jahre versah Lamey an der Rechtswissenschaftlichen Fakultät in Freiburg den Lehrstuhl für badisches Landrecht und Zivilprozessrecht. Dann ging er wieder nach Karlsruhe zurück und bildete zusammen mit *Anton Stabel* (*Näheres hierzu nachfolgende Station 25*) 1860 die erste parlamentarisch gestützte Regierung in Baden. Als Innenminister zeichnete Lamey für die Errichtung des badischen Verwaltungsgerichtshofs 1864 in Karlsruhe verantwortlich, des ersten Verwaltungsgerichts in ganz Deutschland.

*Das Freiburger Münster*

## ㉔ Münster

Am 15. April 1806 übergab der französische Stadtkommandant in einer Feierstunde im Freiburger Münster den Breisgau und die ebenfalls an Baden gelangte Ortenau an den badischen Besitzergreifungskommissar Karl Wilhelm Freiherr Drais von Sauerbronn (*Näheres hierzu vorstehende Station 19; zum Münster auch Rundgang I, Station 18*).

Karl von Rotteck *(Näheres hierzu vorstehende Station 1)* war einer der geistigen Wegbereiter der freiheitlichen Volksbewegung von 1848/49. Im März 1848 fand auf dem Münsterplatz eine große Volksversammlung statt, auf der Gustav Struve als Hauptredner das „Offenburger Programm" mit seinen demokratischen Forderungen vortrug. Vom Münsterturm wehte in diesen Tagen die schwarz-rot-goldene Fahne, Symbol des demokratischen Deutschlands.

*Vom Münsterhauptportal wenden wir uns in die nordwestliche Ecke des Münsterplatzes und erreichen dort die rückwärtige Partie des Basler Hofs.*

## ㉕ Basler Hof
Dienstgebäude des Hofgerichts Freiburg von 1824-1864

1824 wurde das Hofgericht Freiburg in den Basler Hof verlegt, weil die beengten Raumverhältnisse im Haus zum Ritter nicht mehr den Anforderungen des täglichen Gerichtsbetriebs entsprachen. Dem Hofgericht wurden die Räume im ersten Obergeschoß zugewiesen, während im Erdgeschoß das Archiv untergebracht war. Da das zunächst vorgesehene Sitzungszimmer für öffentliche Verhandlungen, die mit der Zivilprozeßreform von 1832 eingeführt wurden, nicht geeignet war, erhielt das Hofgericht in diesem Jahr einen zusätzlichen großen Raum im angrenzenden Seitenflügel. Dieser Saal war für das Publikum über eine vom Innenhof rückwärts zum Saal führende Treppe erreichbar, so daß der Geschäftsbetrieb des Gerichts durch den Publikumsverkehr nicht gestört wurde.

Von 1845 bis 1847 amtierte *Anton Stabel* (1806-1880) als Hofgerichtsdirektor im Basler Hof. 1841 übernahm er, der zuvor Hofgerichtsrat in Mannheim gewesen war, einen zivilrechtlichen Lehrstuhl an der Freiburger Juristenfakultät und setzte mit praxisbezogenen Lehrveranstaltungen und hieraus entstandenen Publikationen wirksame Impulse für eine vertiefte Aufbereitung des badischen und französischen Zivilrechts. 1844/45 wurde er Prorektor der Universität. Von 1851 bis 1860 amtierte er als Oberhofrichter in Mannheim

*Basler Hof*

*Anton Stabel*

und damit als der höchste Richter Badens. In seiner Eigenschaft als Justizminister war er 1864 für die badische Justizreform verantwortlich. Im Ruhestand schrieb er die im Februar 1870 fertig gestellte Grundlagenmonographie *Institutionen des französischen Zivilrechts*, die nach seinem Tod noch zwei weitere Auflagen – 1883 und 1893 – erfuhr und teilweise auf seine Freiburger Hochschullehrertätigkeit zurückging. Der vielseitige Stabel zählt zu den führenden Juristen Badens im 19. Jahrhundert.

Der wohl aufsehenerregendste Prozeß in der Geschichte des Hofgerichts sollte das vom 20. März bis 30. März 1849 durchgeführte Schwurgerichtsverfahren gegen die badischen Revolutionäre *Gustav Struve* (1805-1870) und *Karl Blind* (1826-1907) werden. Dieses Verfahren war die erste Schwurgerichtsverhandlung in der badischen Rechtsgeschichte. Die Forderung nach unabhängigen Schwurgerichten wurde bereits am 22. August 1819 in der ersten Sitzungsperiode der neugeschaffenen Zweiten Kammer des badischen Landtages erhoben und blieb seither neben Öffentlichkeit und Mündlichkeit sowie Trennung von Justiz und Verwaltung auch in der Eingangsinstanz fester Bestandteil der liberalen Reformziele im badischen Landtag. Da den Kammern nach der ursprünglichen Verfassungslage die Gesetzgebungsinitiative verwehrt war, konnten die Reformgedanken nur im Rahmen von seitens der Regierung eingebrachten Gesetzesentwürfe umgesetzt werden. Bis Ende der Vierziger Jahre des 19. Jahrhunderts widersetzte sich die großherzogliche Regierung der Einführung von Schwurgerichten. Erst die Badische Revolution von 1848 führte zur Verwirklichung dieser langjährigen rechtsstaatlichen Forderung, allerdings auch hier mit nicht unwesentlichen Verzögerungen. Die Regierung legte im Mai 1848 einen allgemeinen Entwurf vor, der im wesentlichen von dem bekannten Heidelberger Strafrechtslehrer und langjährigen Präsidenten der Zweiten Badischen Kammer *Karl Joseph Anton Mittermaier* (1787-1867) stammte und maßgebliche Forderungen umsetzte. Die vom Parlament

*Gustav Struve*

verlangte Anknüpfung des Gesetzes an die noch nicht verabschiedete Strafgesetzreform von 1845 wurde dagegen verwehrt, so daß auch das Schwurgerichtsgesetz zunächst nicht angenommen wurde. Erst das Gesetz vom 17. Februar 1849 sah die allgemeine Einführung von Schwurgerichten vor, der Zeitpunkt des Inkrafttretens blieb aber auch hier noch ungeregelt. Zwei Jahre später wurden die betreffenden Bestimmungen in der Gerichtspraxis wirksam. Ein besonderes Gesetz vom 16. Mai 1848 sah bereits hinsichtlich der „Untersuchung und Entscheidung hochverräterischer Unternehmungen betreffend" die Bildung eines Schwurgerichts vor, das beim Hofgericht Freiburg für das gesamte Großherzogtum eingerichtet werden sollte. Auf der Grundlage dieses Gesetzes wurde sodann das Verfahren gegen Struve und Blind im Rahmen einer mündlichen und öffentlichen Hauptverhandlung unter Beiziehung von zwölf Geschworenen durchgeführt.

Die zehntägige Verhandlung fand unter Vorsitz des Freiburger Hofgerichtspräsidenten *Franz Xaver Litschgi* (1799-1855) im neueingerichteten Schwurgerichtssaal im linken, hinteren Flügel des Basler Hofs statt. Dem erkennenden Spruchkörper gehörten neben dem Vorsitzenden und den Geschworenen vier weitere Hofgerichtsräte an, wobei zwei aus dem Freiburger Hofgericht stammten und zwei weitere, wegen Verhinderung Freiburger Richter, vom Bruchsaler Hofgericht zugezogen wurden. Etwa 4000 Soldaten – neben der heimischen Garnison wurden auch württembergische Truppen nach Freiburg verlegt – sicherten die Stadt. Viele Interessierte eilten dem Münsterplatz zu, von wo sie Eingang in das Hofgerichtsgebäude zu finden suchten. Angesichts der beengten Verhältnisse im Sitzungssaal konnte allerdings nur jeder Vierte tatsächlich eingelassen werden.

Struve wurde von seinem Mannheimer Kollegen, dem Oberhofgerichtsadvokaten *Lorenz Brentano* (1813-1881), wenige Monate später einer der Führer der Badischen Revolution im Zuge der Reichsverfassungskampagne, verteidigt. Blind hatte als Verteidiger den Bruchsaler Hofgerichtsadvokaten *Heinrich von Feder* (1822-1887) gewählt. Gegenstand der Hochverratsanklage bildete – nur bezogen auf den Angeklagten Struve – der Aprilaufstand 1848 in Konstanz, der zusammen mit Friedrich Hecker zu einem Umsturzversuch in ganz Südbaden führte und mit den Gefechten bei Kandern, Steinen und Günterstal endete. Beide Angeklagte betraf ferner der Vorwurf des Umsturzversuchs im September 1848. Das Verfahren endete, nachdem die Geschworenen nur einen Teil der Vorwürfe für erwiesen angesehen hatten, mit einer Verurteilung beider Angeklagten zu einer achtjährigen Zuchthausstrafe. Die Angeklagten, die beide gegen die Entscheidung des Freiburger Hofgerichts die gesetzlich vorgesehene Nichtigkeitsbeschwerde zum Obersten Badischen Gerichtshof, dem Oberhofgericht in Mannheim, eingelegt hatten, wurden wenige Tage nach dem Freiburger Urteilsspruch in die Festung Rastatt verbracht. Als die Unruhen unter den Soldaten der Festung ausbrachen, wurden die Verurteilten ins Zuchthaus nach Bruchsal verlegt. Dort wurden sie in der Nacht zum 14. Mai 1849 befreit und konnten, nachdem der badische Aufstand durch die preußische Interventionsarmee niedergeschlagen worden war, ins Ausland fliehen. Nach der erfolgreichen Flucht der Angeklagten wurde das Verfahren nicht weiterbetrieben.

*Hochverratsverfahren Struve/Blind im Basler Hof*

Wenige Monate später stand *Wilhelm Liebknecht* (1826-1900), später einer der führenden sozialdemokratischen Politiker im Reich, wegen seiner Teilnahme am Struveaufstand vor dem Freiburger Schwurgericht. Dieses Verfahren ging glimpflich aus. Liebknecht wurde freigesprochen. Während der Freiburger Untersuchungshaft lernte er seine spätere Frau kennen, die Tochter des Gefängniswärters.

Beim schweren Fliegerangriff vom 27. November 1944 wurde auch der Basler Hof getroffen und brannte völlig aus. 1950 wurde der Wiederaufbau in Angriff genommen und bereits zum 1. April 1951 konnte das Gebäude dem Badischen Ministerium des Innern unter Minister *Alfred Schühly* (*Näheres hierzu Rundgang IV, Station 16*) als neuer Dienstsitz zugewiesen werden.

Nach der Bildung des Landes Baden-Württemberg wurde das Gebäude am 1. Oktober 1952 dem Regierungspräsidium Südbaden übergeben. Im Zuge der Verwaltungsreform von 1972 wurde der Regierungsbezirk neu gegliedert und das Präsidium in Regierungspräsidium Freiburg umbenannt. Während nunmehr die insgesamt acht Abteilungen des Präsidiums in verschiedenen Gebäuden in Freiburg untergebracht sind, ist der Basler Hof Sitz der Regierungspräsidentin, des Regierungsvizepräsidenten sowie der – für ganz Baden-Württemberg zuständigen – Stabsstelle für grenzüberschreitende Zusammenarbeit und europäische Angelegenheiten.

*Vom Basler Hof gelangen wir über die Franziskanerstraße zum Rathausplatz.*

### 26  Neues Rathaus

In der Aula des Freiburger Rathauses wurde am 22. April 1948 das neu errichtete Verwaltungsgericht Freiburg feierlich eröffnet und die erste Gerichtssitzung abgehalten (*Näheres zur Verwaltungsgerichtsbarkeit in Freiburg Rundgang III, Station 14 sowie Rundgang IV, Station 5*).

*Über die Rathausgasse gelangen wir in wenigen Minuten an unseren Ausgangspunkt, das Rotteck'sche Wohnhaus, wieder zurück.*

# Dritter Rundgang

## Das Stadtviertel Neuburg und der Alte Friedhof

*St.-Michaels-Kapelle auf dem Alten Friedhof*

# Dritter Rundgang

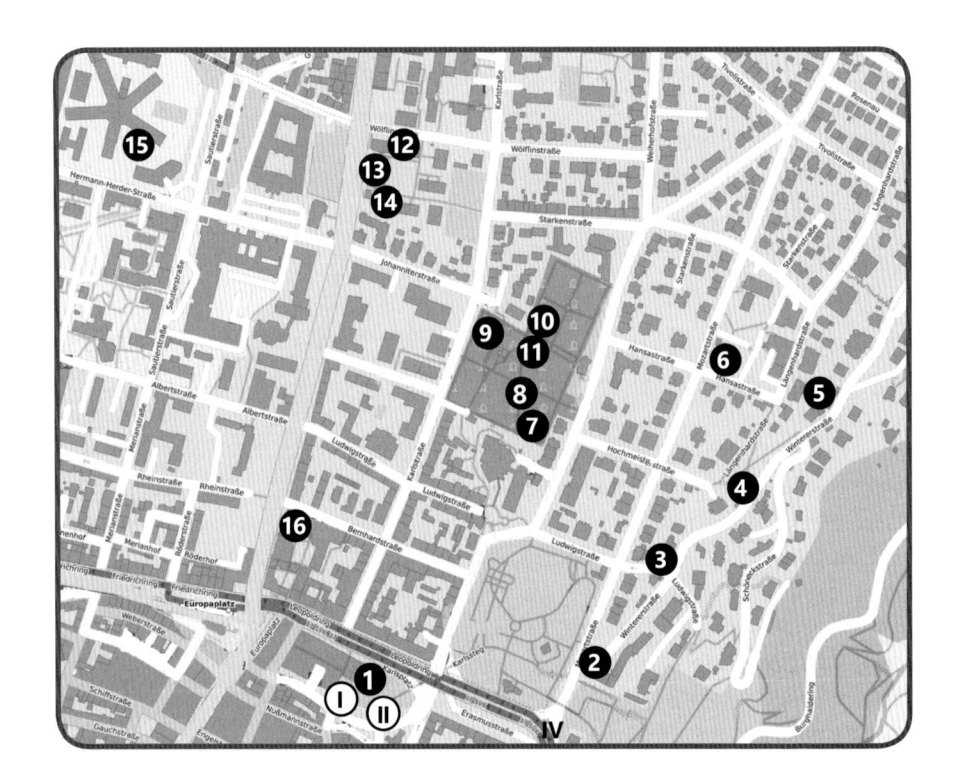

① *Anschluß zum Ersten Rundgang*

② *Anschluß zum Zweiten Rundgang*

# Dritter Rundgang: Das Stadtviertel Neuburg und der Alte Friedhof

*Im Mittelpunkt dieses Rundgangs steht das Stadtviertel Neuburg und der dort befindliche Alte Friedhof mit verschiedenen Gräbern bedeutender Freiburger Juristen. Im Anschluß folgen die modernen Bauten der Fachgerichte und das aus dem 19. Jahrhundert stammende Landesgefängnis. Ausgangs- und Endpunktpunkt dieses Rundgangs ist der Karlsplatz mit dem sich hieran anschließenden Stadtgarten.*

*Stationen: Karlsplatz, Wintererstraße, Wohnhaus Reichsgerichtsrat Richard Michaelis, Wohnhaus Hans Großmann-Doerth, Wohnung Franz Wieacker, Wohnhaus Gerhard Ritter, Grabstätte der Familie Rotteck, Mirabeau-Grab, Duttlinger-Grab, Hennenhofer-Grab, Grab des Hofgerichtsrats Bauer, Arbeitsgericht Freiburg, Landesarbeitsgericht Baden-Württemberg, Verwaltungsgericht Freiburg, Landesgefängnis Freiburg, Sozialgericht Freiburg.*

## ❶ Karlsplatz

*Friedrich Nebenius*

Der Platz ist nach dem badischen Großherzog *Karl* (1786-1818) benannt. Am 22. August 1818 setzte Karl in der Schwarzwaldgemeinde Griesbach die erste badische Landesverfassung in Kraft.

Die badische Verfassung, ausgearbeitet von dem Karlsruher Ministerialbeamten *Friedrich Nebenius* (1784-1857), garantierte allen Staatsbürgern Grundrechte, wozu insbesondere die Eigentumsgarantie, die Gleichheit der Steuerpflicht und des Zugangs zu öffentlichen Ämtern, das Auswanderungsrecht, die Religionsfreiheit und unter Vorbehalt die Pressefreiheit gehörten. Auch die richterliche Unabhängigkeit im Bereich der ordentlichen Gerichtsbarkeit wurde bereits ansatzweise anerkannt, in dem § 14 ausführte: „*Die Gerichte sind unab-*

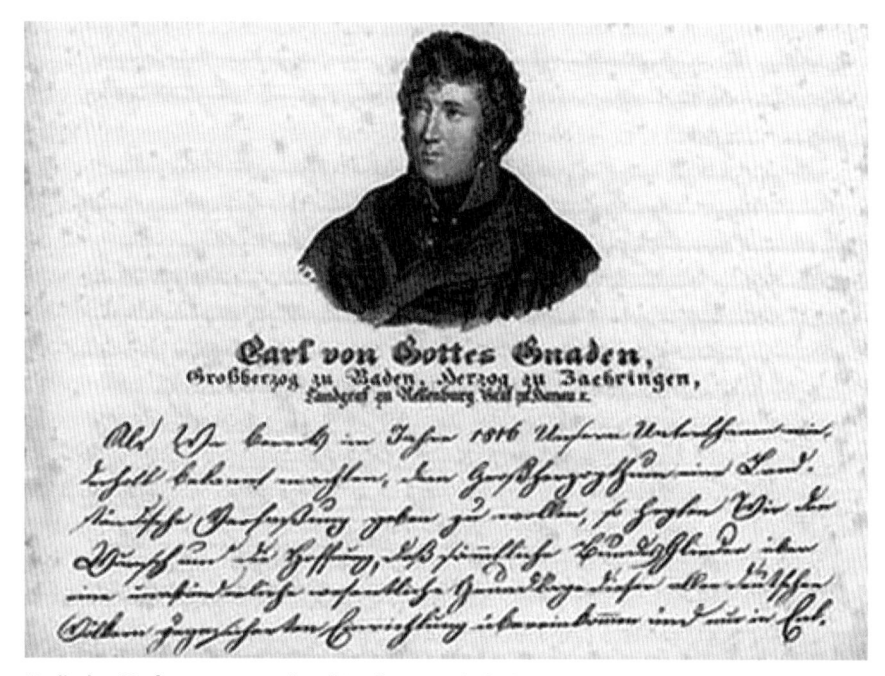

*Badischer Verfassungstext, eigenhändig von Mitgliedern der Zweiten Kammer 1831 angefertigt und im Schulunterricht verwendet*

hängig innerhalb der Gränzen ihrer Competenz."  Im Gegensatz zu den gleichzeitigen bayerischen und württembergischen Landesverfassungen wurde in den beiden ersten Paragraphen der badischen Verfassung ausdrücklich erklärt, das Großherzogtum Baden bilde einen Bestandteil des Deutschen Bundes und die Beschlüsse des Bundestages, welche die verfassungsmäßigen Verhältnisse Deutschlands oder die Verhältnisse deutscher Staatsbürger im allgemeinen betreffen, seien Teil des badischen Staatsrechts.

Die badische Verfassung von 1818 gilt zu Recht als eine der fortschrittlichsten der damaligen Zeit. Sie war genau 100 Jahre bis zum Zusammenbruch der Monarchie im November 1918 in Kraft. Die Landesverfassung hat nicht unwesentlich dazu beigetragen, dass die Bevölkerung sich dem neuen Staatswesen zuwandte und eine freiwillige Integration „von unten" erfolgte. Diese Zuwendung kann mit dem Historiker *Thomas Nipperdey* (1927-1992) treffend als einzelstaatlicher Verfassungspatriotismus bezeichnet werden.

*Vom Karlsplatz begeben wir uns über den Karlssteg in den kleinen Stadtgarten und von dort in die am Schloßberg gelegene Wintererstraße.*

*Eine der wichtigsten Verfassungsinstitutionen:*
*Das Badische Ständehaus mit seinen zwei Kammern*

## ❷ Wintererstraße

Der langjährige Freiburger Oberbürgermeister *Otto Winterer* wurde am 8. Januar 1846 in Ettenheim in der Ortenau geboren. Er studierte Rechtswissenschaften in Freiburg und Heidelberg. Nach Abschluß seiner juristischen Ausbildung trat er in den badischen Staatsdienst ein und wurde 1874 Amtmann in Mannheim. 1876 wurde er als Oberamtmann Amtsvorstand des Bezirksamts Buchen.

Ein Jahr später folgte seine Wahl zum Oberbürgermeister von Konstanz. Dieses Amt übte er bis zu seinem Weggang nach Freiburg aus.

Von 1883 bis 1889 war Winterer zudem als Konstanzer Abgeordneter Mitglied der Zweiten Kammer der badischen Ständeversammlung in Karlsruhe. Von 1888 bis 1913 amtierte er als Oberbürgermeister in Freiburg.

Als er aus diesem Amt ausschied, wurde er als zweiter Gründer der Stadt bezeichnet. Während seiner erfolgreichen Amtszeit verdoppelte sich die Einwohnerzahl der Stadt, zahlreiche Bauprojekte, wie das Stadttheater und das Neue Rathaus wurden von ihm angestoßen. Für die Erhaltung des vom Abriß bedrohten Martinstors und des Schwabentors setzte er sich besonders ein.

*Oberbürgermeister Otto Winterer*

In diesem Zusammenhang prägte der „Romantiker im Ratssessel" den Ausspruch: Das Dorf hat Dächer – die Stadt hat Türme. Von 1905 bis 1915 war er als Vertreter der badischen Städte Mitglied der Ersten Kammer der Ständeversammlung in Karlsruhe. Am 26. Februar 1915 ist Winterer in Freiburg verstorben.

*Wir gehen nun die Wintererstraße aufwärts, überqueren die Ludwigsstraße und erreichen als erstes das auf der linken Straßenseite befindliche Anwesen Nr. 6.*

**❸ Wohnhaus des Reichsgerichtsrats Richard Michaelis**
Wintererstraße 6

Im Erdgeschoß des Anwesens, damals als Nr. 4 bezeichnet, wohnte der ehemalige Reichsgerichtsrat *Richard Michaelis*. Am 22. Oktober 1940 wurde Michaelis zusammen mit seiner Frau Alma (1860-1946), gebürtige Seeligmann aus Karlsruhe, wie die meisten Badener jüdischer Herkunft, in das berüchtigte Lager Gurs in Südwestfrankreich verschleppt. Am 10. April 1941 ist er dort infolge der unmenschlichen Lagerbedingungen verstorben.

Michaelis wurde am 27. Juni 1856 in Danzig als Sohn eines Kaufmanns geboren. Nach Schulbesuch in Berlin, wechselte er auf das Gymnasium in Liegnitz/Schlesien, wo er 1874 das Abitur ablegte. Anschließend studierte er bis 1877 Rechtswissenschaften an der Universität Straßburg im Elsaß. Nach Abschluß der juristischen Ausbildung trat er in den Justizdienst des Reichslandes ein. 1883 wurde er Amtsrichter in Dammerkirch, dann 1886 Landrichter in Saargemünd und schließlich 1893 Landgerichtsrat in Zabern. Nach richterlicher Tätigkeit am Amts- und Landgericht Straßburg erfolgte 1905 seine Ernennung zum kaiserlichen Oberlandesgerichtsrat in Colmar. Dem Oberlandesgericht gehörte er bis Dezember 1911 an, dann wurde er als Hilfsrichter an das Reichsgericht in Leipzig abgeordnet. Dort erfolgte am 1. November 1912 seine Ernennung zum Reichsge-

*Reichsgericht in Leipzig*

richtsrat. Im Reichsgericht war Michaelis bis 1914 Mitglied des V. Strafsenats, dann wechselte er in den V. Zivilsenat über, dem er bis zu seinem Eintritt in den Ruhestand am 1. August 1924 angehörte. Im Ruhestand zog Michaelis wieder in das ihm vertraute Oberrheingebiet und nahm Wohnsitz in Freiburg.

Im Freiburger Ruhestand befaßte sich Michaelis wiederholt mit wissenschaftlichen Arbeiten. So schrieb er umfangreiche Kommentare zum Scheck- und Wechselrecht. Hervorzuheben ist ferner seine Mitarbeit am Reichsgerichtsrätekommentar zum Bürgerlichen Gesetzbuch. Hier erläuterte er in der dritten bis sechsten Auflage das Allgemeine Schuldrecht und Teile des Erbrechts.

*Wir gehen nun die Wintererstraße weiter aufwärts und gelangen nach einigen Minuten zum Anwesen Nr. 12.*

❹ **Wohnhaus Hans Großmann-Doerth**
Wintererstraße 12

Im ersten Obergeschoß dieses Anwesens wohnte in den Dreißiger Jahren des letzten Jahrhunderts der Handelsrechtler *Hans Großmann-Doerth*. Er wurde am 9. September 1894 in Hamburg geboren. Als Kriegsfreiwilliger nahm er am Ersten Weltkrieg teil. 1917 geriet er als Leutnant in französische Gefangenschaft und konnte erst 1920 in die Heimat zurückkehren. Er beendete in Hamburg sein Studium der Rechtswissenschaften und war dort zunächst als Amtsrichter tätig. 1929 schloß er seine Habilitationsschrift *Das Recht des Überseekaufs* ab. Diese Arbeit erfaßte und wertete eine Vielzahl von Handelsbräuchen aus und wurde zum Standardwerk auf diesem Rechtsgebiet. Rechtstatsachenforschung und Rechtsvergleichung machte er zu seinen Forschungsschwerpunkten. 1930 wurde er als Extraordinarius an die deutsche Universität in Prag berufen und wechselte im Frühjahr 1933 nach Freiburg. Dort übernahm er einen Lehrstuhl für Handelsrecht, Wirtschaftsrecht, Arbeitsrecht und Bürgerliches Recht. Seine am 11. Mai 1933 gehaltene Antrittsvorlesung *Das selbstgeschaffene Recht der Wirtschaft und staatliches Recht* befaßte sich mit der Wechselwirkung zwischen Kautelarrecht und staatlicher Rechtsordnung.

Mit dem Ökonomen *Walter Eucken* (1891-1950) und dem Wirtschaftsrechtler *Franz Böhm* (1895-1977) begründete Großmann-Doerth den Ordo-Liberalismus der Freiburger Schule und gab mit ihnen zusammen 1937 die Schrift *Ordnung der Wirtschaft* heraus. Franz Böhm, der nach Abschluß seiner juristischen Studien in den badischen Justizdienst eingetreten war, dann aber für eine Referententätigkeit in der Kartellabteilung des Reichswirtschaftsministeriums in Berlin beurlaubt worden war, kann als erster Freiburger Schüler von Großmann-Doerth gelten. Seine Habilitationsschrift *Wettbewerb und Monopolkampf* wurde im April 1933 eingereicht und von Großmann-Doerth als Referent der Fakultät – zusammen mit Walter Eucken – als bahnbrechende Arbeit bewertet. Im Februar 1934 wurde Böhm für die Fächer Handels- und Wirtschaftsrecht an der Freiburger Fakultät habilitiert und übte hier bis 1936 eine Lehrtätigkeit als Dozent aus. Großmann-Doerth und Böhm wurden Kollegen und alsbald gute Freunde.

Großmann-Doerth ist am 5. März 1944 an den Folgen einer schweren Verwundung, die er als Regimentskommandeur an der Ostfront erlitt, in einem Königsberger Lazarett verstorben. Am 24. Mai 1944 nahm die Fakultät im Kuppelsaal des Kollegiengebäudes Abschied von ihm. *Gustav Boehmer* (*Näheres hierzu Rundgang*

**Hans Großmann-Doerth**

*IV, Station 15*) sprach Gedenkworte, der Student *Günther Wendt* (1919-2004) Dankworte im Namen der Hörer und *Franz Beyerle* (1885-1977) hielt die Gedächtnisrede. Von *Fritz Pringsheim* (*Näheres hierzu Rundgang II, Station 12*) ist überliefert, daß Großmann-Doerth ihm gegenüber im Juni 1934 im Hinblick auf den „Röhm-Putsch" und den dabei verübten zahlreichen willkürlichen Erschießungen auf seinem offenen Balkon, für viele hörbar, erklärte, „Nun bin ich mit diesen Lumpen für immer fertig."

*Wir steigen nun die Wintererstraße weiter aufwärts und erreichen wenig später das Anwesen Nr. 18, die Villa Selma.*

## ❺ Wohnung Franz Wieacker
Wintererstraße 18

Der Romanist und Rechtshistoriker *Franz Wieacker* (1908-1994) behielt nach seinem Weggang an die Universität Göttingen im Jahre 1953 seine Wohnung am Schloßberg bei; diese Zweitwohnung ermöglichte es ihm zwischen dem *gebildeten* Göttingen und dem *bildhaften* Freiburg zu pendeln.

*Franz Wieacker*

Ende 1929 kam Wieacker erstmals nach Freiburg als Assistent seines Lehrers Fritz Pringsheim (*Näheres hierzu Rundgang II, Station 12*), als dieser von Göttingen nach Freiburg wechselte. Wieacker war damals preußischer Gerichtsreferendar und lies sich zunächst beurlauben, um seine Dissertation zur Lex Commissoria im römischen Kaufrecht zu erstellen. Nach der Promotion im Dezember 1930 absolvierte er als badischer Gastreferendar am Amtsgericht Waldkirch und am Landgericht Freiburg Ausbildungsstationen. Dann ließ er sich erneut vom Referendardienst beurlauben, um ausschließlich wissenschaftlich zu arbeiten. Im Februar 1933 wurde er noch unter der demokratischen Landesregierung in Freiburg habilitiert. Erst 1937 erhielt er in Leipzig seinen ersten Lehrstuhl. Die bis dahin verlängerte Beurlaubung vom Referendardienst ließ er nun auslaufen. In seinen in den Dreißiger Jahren erschienenen Schriften finden sich unmittelbare Anknüpfungen zum NS-Recht; insbesondere seine Abhandlung zum Eigentumsbegriff zeigt dies deutlich. Zum Gesamtbild gehört aber auch, daß er sich an der 1935 erschienenen Festschrift zu Ehren des Freiburger Romanisten *Otto Lenel* (*Näheres hierzu Rundgang IV, Station 15*) mit einem 100 Seiten umfassenden Beitrag beteiligte. Diese als *Symbolae Friburgenses* bezeichnete Schrift verdient auch heute noch große Aufmerksamkeit. Otto Lenel wurde von den Nazis wegen seiner jüdischen Herkunft diskriminiert.

Nach kurzer Kriegsgefangenschaft in Italien kehrte Wieacker 1945 nach Deutschland zurück und erhielt, wie viele Rechtslehrer aus Leipzig, in

> PRIVATRECHTSGESCHICHTE
> DER NEUZEIT
> unter besonderer Berücksichtigung
> der deutschen Entwicklung
>
> Von
> Franz Wieacker
> o. ö. Prof. der Rechte
> an der Universität Freiburg i. Br.
>
> GÖTTINGEN · VANDENHOECK & RUPRECHT · 1952

Göttingen einen Lehrauftrag. 1947 stand er vor einer schweren Entscheidung, weil sowohl die Göttinger als auch die Freiburger Fakultät ihm einen Lehrstuhl anbot. Er entschied sich für Freiburg. Aus seiner bereits in Göttingen gehaltenen und in Freiburg fortgeführten Vorlesung zur *Privatrechtsgeschichte der Neuzeit* entstand seine gleichnamige Monographie, sein berühmtestes Werk überhaupt. Deren erste Auflage erschien 1952 und weist die Widmung *Fritz Pringsheim zum 7. Oktober 1952* auf. 1967 erfolgte die zweite, wesentliche erweiterte Auflage mit erneuerter Widmung für seinen kurz zuvor verstorbenen Lehrer Pringsheim. Seither hat das vielgelesene Buch mehrere Nachdrucke erfahren.

Als Wieacker 1953 erneut einen Ruf nach Göttingen erhielt, gab er zwar seine Freiburger Professur auf und zog nach Göttingen, sein Domizil in der Breisgaumetropole behielt er aber bei. Als sein Lehrer Pringsheim 1963 emeritiert wurde, bot ihm die Fakultät dessen Lehrstuhl an. Wieacker folgte dem ehrenvollen Ruf nicht, seine Verbindung zur Freiburger Fakultät hielt er aber weiterhin aufrecht, so daß es nur folgerichtig war, ihn schließlich 1970 zum Freiburger Honorarprofessor zu ernennen. Ein Jahr zuvor wurde er Mitglied des Ordens Pour le Mérite für Wissenschaften und Künste.

1973 ließ er sich in Göttingen vorzeitig emeritieren. Dies bedeutete aber nicht das Ende seiner wissenschaftlichen Arbeit. Zwanzig weitere Jahre widmete er sich den von ihm gepflegten Rechtsgebieten, dem antiken römischen Recht, der europäischen Privatrechtsgeschichte, der Zivilrechtsdogmatik, Rechtstheorie und Rechtsphilosophie, ertragreich und aufmerksam verfolgt von den Kollegen im In- und Ausland. Am 17. Januar 1994 ist er in Göttingen verstorben

*Vom Anwesen Wintererstaße 18 gehen wir wenige Schritte zurück und wenden uns dem in Höhe der Einmündung Schöneckstraße abwärts führenden Fußweg zu, der uns bis hinunter zur Längenhardstraße bringt. Dort gehen wir in die Hochmeisterstraße*

115

### ⑥ Wohnhaus Gerhard Ritter
Mozartstraße 48

Im Erdgeschoß dieses Anwesens wohnte der einflußreiche Historiker *Gerhard Ritter* (1888-1967), der 1925 einem Ruf nach Freiburg folgte und der philosophischen Fakultät bis zu seinem Tod die Treue hielt. Ritter wurde am 6. April 1888 in Bad Soden geboren. Nach dem Studium der Geschichte in München, Leipzig, Berlin und Heidelberg wurde er 1911 bei *Hermann Oncken* (1869-1945) an der Universität Heidelberg promoviert. Dort fertigte er auch seine Habilitationsschrift an und erhielt 1924 seinen ersten Lehrstuhl in Hamburg.

Im Wintersemester 1932/33 wurde auf seine Anregung hin eine von der Philosophischen und Rechtswissenschaftlichen Fakultät gemeinsam veranstaltete Ringvorlesung „Der Einzelne und der Staat" abgehalten, um die Kontakte zwischen beiden Fakultäten zu vertiefen. Auf Antrag von *Erik Wolf* (*Näheres hierzu Rundgang IV, Station 16*), der gemeinsam mit Ritter zur Bekennenden Kirche gehörte, beschloß die Rechtswissenschaftliche Fakultät Ritter zu dessen 50. Geburtstag am 6. April 1938 die Ehrendoktorwürde zu verleihen. Zur Begründung wurde auch darauf verwiesen, daß Ritter für die Anfangssemester der Juristenfakultät Vorlesungen in Geschichte anbot. Die nach der damaligen Studienordnung vorgesehenen Grundkenntnisse in Ge-

*Wieacker am Freiburger Katheder*

*und erreichen wenig später die Mozartstraße, der wir nach rechts abbiegend weiter folgen bis zur Ecke Hansastraße, wo wir das Wohnhaus des Historikers Gerhard Ritter erreichen.*

schichte waren auch Gegenstand in der ersten juristischen Staatsprüfung. Deswegen wurde Gerhard Ritter wohl auf Vorschlag der Rechtswissenschaftlichen Fakultät als Mitglied des Justizprüfungsamtes in Karlsruhe berufen. Aus verwaltungsinternen Gründen versagte das zuständige Ministerium allerdings die Genehmigung zur Ehrenpromotion. Nach Wegfall aller Restriktionen wurde sie schließlich am 6. April 1948 vollzogen.

Am 24. November 1938 schrieb Gerhard Ritter unter dem Eindruck des Pogroms vom 9. November: *Was wir in den letzten beiden Wochen erlebt haben im Ganzen des Vaterlandes, ist das Beschämendste und Schrecklichste, was seit langen Jahren geschehen ist. Wohin sind wir gekommen! Eine der vielen Fragen, über die man brieflich kaum reden kann, ist eine, wie mir scheint, nun zum erstenmal doch allgemeine Scham und Empörung.* Dieses Erlebnis und dieses Empfinden gaben den Anstoß zur Bildung eines widerständigen Gesprächskreises an der Freiburger Universität, des Freiburger Konzils, dem auch Walter Eucken, Franz Böhm und Adolf Lampe angehörten.

Seit Frühjahr 1941 stand Ritter auch in Verbindung mit dem ehemaligen Leipziger Oberbürgermeister *Carl Goerdeler* (1884-1945). Wegen dieser Bekanntschaft wurde Ritter am 2.

*Gerhard Ritter*

November 1944 festgenommen und überwiegend in Berliner Gefängnissen inhaftiert. Nachdem die Ermittlungsakten bei einem Bombenangriff Anfang Februar 1945 verbrannt waren, geriet das gegen ihn geführte Verfahren ins Stocken und wurde schließlich nicht weiterbetrieben. Am 25. April 1945 wurde er aus der Berliner Untersuchungshaft entlassen und konnte sich nach Freiburg durchschlagen.

Mit Wiedereröffnung der Universität konnte der unbelastete, nationalkonservative Historiker Ritter seine Lehrtätigkeit wieder aufnehmen. In Unterlagen der französischen Militärverwaltung, mit der er einige Konfrontationen austrug, stand der vielsagende Vermerk: *cas de Ritter, fridericien, bismarckien, militariste, mais anti-Nazi.*

*Von der Mozartstraße gehen wir über die Hansastraße zum an der Stadtstraße gelegenen Alten Friedhof.*

*Wir betreten nun den ehemaligen Friedhof, der 1683 angelegt wurde. Die letzte Bestattung fand an Allerheiligen 1872 statt. Die Friedhofsanlage ist nunmehr eine öffentliche Parkanlage und von hohem kunsthistorischem Interesse.*

*Auch unter rechtshistorischen Gesichtspunkten ist ein Gang über den alten Friedhof ertragreich. Hervorzuheben sind die Gräber der Professoren Karl von Rotteck und Johann Georg Duttlinger, des französischen Grafen Boniface Riquetti de Mirabeau und des badischen Hauptmanns Heinrich von Hennenhofer.*

**Blick auf die St.-Michaels-Kapelle**

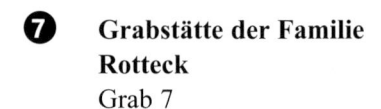

**❼   Grabstätte der Familie Rotteck**
Grab 7

An der südlichen Begrenzungsmauer des alten Friedhofs liegt die Grabstätte der Familie von Rotteck. Neben Karl von Rotteck (*Näheres hierzu Rundgang II, Station 1*) ist dort auch sein Vater, Carl Anton von Rotteck, beigesetzt.

## ❽ Mirabeau-Grab
Grab 658

Freiburg wurde zur Zeit der französischen Revolution zum Zufluchtsort für viele Adelige aus dem Nachbarland. Deshalb finden sich aus dieser Zeit auch einige Grabstätten mit französischen Inschriften. Hierzu gehört das Grab des französischen Generals und Royalisten *Boniface Riquetti, Vicomte de Mirabeau* (1754-1792), der jüngere Bruder des namhaften Revolutionärs *Honoré Gabriel de Riqueti, Marquis de Mirabeau* (1749-1791). Im Gegensatz zu seinem bekannten Bruder schloß sich der General den französischen gegenrevolutionären Kräften an und erhielt von Louis V. Joseph de Bourbon, prince de Condé (1737-1818) den Auftrag, im Badischen aus den dort befindlichen französischen Emigranten eine neue Truppe zusammen zustellen, die schwarze Legion. In Freiburg lag die Vorhut des Condé schen Corps, ein von Mirabeau geführtes Jägerbataillon. Am 17. September 1792 verstarb General Mirabeau in Freiburg. Mit militärischen Ehrenbezeugungen wurde er zunächst auf den bis 1828 bestehenden Soldatenfriedhof bei der heutigen Karlsschule beigesetzt.

Nach der Schließung dieses Friedhofs erfolgte die Umbettung auf den Alten Friedhof. Mirabeau war eine gewichtige Persönlichkeit, auch was das Äußere anging; deshalb wurde er vielfach als Mirabeau-Tonneau bezeichnet.

Im Zusammenhang mit seiner Aufgabe, neue Truppenteile aufzustellen, ging der stets an Geldnöten leidende General in die badische Rechtsgeschichte mit einem Prozeß ein, den das Züricher Handelshaus Pestallozi und Schulthes gegen ihn in Karlsruhe führte. Nach der Entscheidung des badischen Hofgerichts in Karlsruhe unter seinem Direktor *Johann Georg Schlosser* (*Näheres hierzu Rundgang I, Station 13*) war der Einspruch des französischen Adeligen gegen das Arresturteil des Karlsruher Oberamtes als unbegründet zurückzuweisen, was zu einer Intervention des badischen Markgrafen *Karl Friedrich* (1728-1811) zu Gunsten des Emig-

*Grabstele Mirabeau*

*Johann Georg Schlosser*

ranten führte. Der Markgraf empfahl Schlosser eine vergleichsweise Lösung des bereits abgeschlossenen Rechtsstreits, worauf Schlosser mit einer von allen beteiligten Richtern am 25. Juni 1791 unterzeichneten Rechtfertigungsschrift den fürstlichen Eingriff in die Rechtsprechung des badischen Hofgerichts entschieden zurückwies. Der Markgraf verzichtete zwar auf eine Umsetzung seiner Anregung, den Wunsch Schlosser auf eine Bestätigung der Rechtfertigungsschrift kam er jedoch nicht nach. Hierauf gab der standhafte Jurist als entschiedener Verfechter der Unabhängigkeit der Justiz freiwillig sein Richteramt auf.

## ❾ Duttlinger-Grab
Grab 241

*Johann Georg Duttlinger* wurde am 13. April 1788 in dem kleinen Schwarzwalddorf Lembach in der damaligen Landgrafschaft Stühlingen geboren. Nach Studium der Rechtswissenschaften in Freiburg, Heidelberg und Besançon und einer Tätigkeit als Hofgerichtsadvokat in Meersburg am Bodensee wurde er 1818 zum Professor an der Rechtswissenschaftlichen Fakultät der Universität Freiburg ernannt. Zunächst versah er nur eine außerordentliche Professur für deutsches Privat- und Wechselrecht, doch schon 1819 wurde er ordentlicher Professor. Obwohl als Zivilrechtslehrer berufen, mußte Duttlinger wegen der personellen Engpässe an der Fakultät auch von Anfang

*Johann Georg Duttlinger*

an Vorlesungen im Strafrecht halten. Bis zu seinem Tode im Jahre 1841 behielt er diese Doppelfunktion bei. Als Hochschullehrer war er praxisorientiert, sein wissenschaftliches Werk soll recht schmal ausgefallen sein.

Neben seiner Hochschullehrertätigkeit war Duttlinger bis an sein Lebensende auch Abgeordneter in der Zweiten Kammer des Ständehauses in Karlsruhe. 1819 zog er als damals jüngster Abgeordneter in die Zweite Kammer ein. Am 4. Mai 1822 stellte er dort einen Antrag auf Trennung der Justiz und Verwaltung auch in der Eingangsinstanz, der Einführung von Öffentlichkeit und Mündlichkeit im Gerichtsverfahren. Rechtsstaatliche Forderungen, die erst nach einiger Zeit verwirklicht werden konnten. Mit dem früheren Lahrer Oberamtmann *Freiherr Ludwig von Liebenstein* (1781-1824), einem der führenden Köpfe der liberalen Opposition in der Zweiten Kammer des Karlsruher Ständehauses, war er eng befreundet. 1826 wurde Duttlinger Mitglied der Gesetzeskommission in Karlsruhe und war in dieser Eigenschaft maßgeblich an der Ausarbeitung der fortschrittlichen Zivilprozeßreform von 1831 beteiligt. Auch die Vorarbeiten für das Gerichtsverfassungsgesetz, das Strafgesetzbuch sowie die Strafprozessordnung von 1845 hat Duttlinger entscheidend beeinflusst. Kurz vor seinem Tod am 24. August 1841 wurde er Präsident der Zweiten Kammer im Karlsruher Ständehaus. Sein Grab befindet sich am Nord-Westende des Friedhofs in der Nähe des Zugangs zur Karlstraße.

1820 wurde aufgrund einer Ausnahmeregelung in der Bundesakte des Deutschen Bundes in Lübeck das gemeinschaftliche Oberappellationsgericht der vier freien Städte Deutschlands, Lübeck, Frankfurt am Main, Bremen und Hamburg errichtet. Der Gerichtshof bestand bis zum Inkrafttreten der Reichsjustizgesetze im Jahre 1879 und wurde angesichts seiner vorbildlichen Rechtsprechung von *Bernhard Windscheid* (1817-1892), einem der erfolgreichsten Rechtslehrer des 19. Jahrhunderts, zu Recht als „wohl erster deutscher Gerichtshof" bezeichnet. Der freien Stadt Frankfurt am Main, die nach der preußischen Annexion von 1866 aus dem Gerichtsverband ausscheiden mußte, standen zwei der insgesamt sieben Richterstellen zu. Für die Erstbeset-

*Das Badische Ständehaus in Karlsruhe, Duttlingers langjährige Wirkungsstätte*

zung wählte die Stadt Frankfurt zwei Richter aus, einen Oberjustizrat aus Hannover sowie Johann Georg Duttlinger aus Freiburg. Duttlinger entschied sich aber den ehrenvollen Ruf nicht anzunehmen, sondern blieb der Fakultät sowie seinem Abgeordnetenmandat in der Zweiten Kammer im Karlsruher Ständehaus treu.

### ⑩ Hennenhofer-Grab
In der Nähe von Grab 151/152

Der spätere Major *Heinrich von Hennenhofer* wurde 1793 als Sohn eines Gernsbacher Schiffers geboren. Nach kurzer Tätigkeit in einer Mannheimer Buchhandlung trat er unter Großherzog Karl in den badischen Staatsdienst ein und begleitete seinen Landesherren auf Reisen, so auch zum Wiener Kongreß. 1828 wurde er geadelt und zum Direktor der diplomatischen Sektion im badischen Außenministerium ernannt. 1831 wurde er in den Ruhestand versetzt.

Zeit seines Lebens wurde er verdächtigt, den 1833 in Ansbach umgebrachten Kasper Hauser, von dem angenommen wurde, er sei ein Sohn des badischen Großherzogs Karl, ermordet zu haben. Seine Grabstätte wurde immer wieder mit der Aufschrift Mörder geschändet, so daß schließlich der Grabstein entfernt wurde.

### ⑪ Grab des Hofgerichtsrats Bauer
Grab 903

*Johann Georg Bauer* lebte vom 30. Oktober 1746 bis zum 10. November 1831. Er war zuletzt Hofgerichtsrat am Hofgericht Freiburg (*Näheres hierzu Rundgang II, Stationen 23 und 25*). Sein Grabmal weist die inhaltsreiche Losung „*Gerecht zu thun und fromm zu sein dies war so lang er lebte sein festes Ziel.*"

*Wir verlassen nun den Alten Friedhof durch den Westausgang zur Karlstraße. Wir wenden uns nach rechts und erreichen nach wenigen Minuten die Wölflinstraße, in die wir links einbiegen. Von dort sind es nur noch wenige Schritte zum Justizzentrum Habsburgerstraße 103-105, in dem das Arbeitsgericht, das Landesarbeitsgericht und das Verwaltungsgericht Freiburg untergebracht sind. Dieses Zentrum steht auf dem Areal des früheren Kepplergymnasiums, dessen Turm vor dem Abriß bewahrt wurde.*

*Gräber auf dem Alten Friedhof*

### ⑫ Arbeitsgericht Freiburg

Das Arbeitsgericht Freiburg ist als Eingangsgericht für Arbeitsgerichtssachen aus dem Stadtkreis Freiburg und den Landkreisen Breisgau-Hochschwarzwald, Emmendingen, Ortenaukreis, Rottweil, Schwarzwald-Baar-Kreis und Tuttlingen zuständig. Es sind 16 Kammern eingerichtet, davon vier in Offenburg und sechs in Villingen-Schwenningen. Als Berufungsgericht fungieren die gleichfalls in Freiburg ansässigen Kammern des Landesarbeitsgerichts Baden-Württemberg. Am Arbeitsgericht Freiburg sind gegenwärtig sechzehn Berufsrichter tätig, die im Urteilsverfahren regelmäßig unter Einschluß von zwei ehrenamtlichen Richtern, die jeweils aus dem Kreis der Arbeitnehmer- und Arbeitgeberseite kommen, entscheiden.

### ⑬ Landesarbeitsgericht Baden-Württemberg

Das Landesarbeitsgericht Baden-Württemberg übt die Gerichtsbarkeit in Arbeitssachen im Land Baden-Württemberg in zweiter Instanz aus. Der Sitz des Landesarbeitsgerichts befindet sich in Stuttgart. Auswärtige Kammern sind in Freiburg und Mannheim eingerichtet. Das Landesarbeitsgericht Baden-Württemberg verfügt derzeit über 21 Kammern. Davon sind vier Kammern in Freiburg untergebracht. Das Landesarbeitsgericht Baden-Württemberg ist zuständig für alle Berufungen und Beschwerden gegen Urteile und Beschlüsse der Arbeitsgerichte im Urteils- und Beschlussverfahren sowie in den verschiedenen Nebenverfahren. Auch in zweiter Instanz wird in der Arbeitsgerichtsbarkeit durch einen Berufsrichter als Vorsitzenden und zwei ehrenamtlichen Richtern entschieden.

### ⑭ Verwaltungsgericht Freiburg

Das Verwaltungsgericht Freiburg ist Eingangsgericht der allgemeinen Verwaltungsgerichtsbarkeit für Verwaltungsstreitigkeiten aus dem Regierungsbezirk Freiburg und befindet sich seit 2001 im neuen Justizzentrum Habsburgerstraße. Gegenwärtig sind am Verwaltungsgericht Freiburg etwa 40 Richter tätig, die insgesamt 15 Kammern zugewiesen sind. Zuständiges Berufungsgericht für das Verwaltungsgericht Freiburg ist der 1959 errichtete Verwaltungsgerichtshof Baden-Württemberg mit Sitz in Mannheim.

*An der Ecke Johanniterstraße überqueren wir die Habsburgerstraße und gehen in die Hermann-Herder-Straße. Nach wenigen Metern erreichen wir den Haupteingangsbereich der heutigen Vollzugsanstalt.*

### ⑮ Vollzugsanstalt Freiburg
Hermann-Herder-Straße 8

Das ehemalige Landesgefängnis Freiburg, das ursprünglich zur Vollstreckung von Gefängnisstrafen von mehr als vier Monaten diente, setzte die Tradition des noch in österreichischer Zeit entstandenen Zuchthauses fort. Die Anstalt gliedert sich in die nach dem pennsylvanischen-panoptischen System erbaute, 1878 eröffnete Hauptanstalt und die räumlich angegliederte, 1912/13 erbaute Abteilung Tennenbacher Straße.

Wenige Stunden nach der Brandstiftung der Freiburger Synagoge anläßlich des von der NS-Führung reichsweit initiierten Novemberpogroms am 9. November 1938 begann die Gestapo mit der Festnahme der Freiburger Juden. Im Laufe des Tages lieferte sie in das Landesgefängnis 137 Männer, davon 99 aus Freiburg, ein. Unter ihnen befand sich auch der angesehene Rechtsanwalt *Robert Grumbach* (*Näheres hierzu Rundgang II, Station 10*), der bereits im März 1933 über zwei Wochen dort als Sozialdemokrat in NS-Schutzhaft festgehalten wurde. Der damalige Anstaltsleiter, Oberregierungsrat *Eduard Koeblin* sorgte persönlich dafür, daß, wie er in einen Bericht an den Generalstaatsanwalt in Karlsruhe festhielt, „der alten Tradition würdig", alles Schikanieren, Beschimpfen oder gar Misshandeln der Gefangenen peinlich" unterblieb. Es erforderte Mut und Charakterfestigkeit, allen „Ansätzen außenstehender Begleitmannschaften zu Exzessen sofort" entgegenzutreten, wie Koeblin es tat. Daß dies eine seltene Ausnahme blieb, mußten die Inhaftierten sehr schnell erfahren, als sie am nächsten

*Landesgefängnis Freiburg*

Tag ins KZ Dachau verschleppt und dort wochenlang von den SS-Wachmannschaften erniedrigt und gedemütigt wurden. Erst allmählich wurden die grundlos Festgehaltenen wieder in ihre Heimat entlassen; so kehrte Rechtsanwalt Grumbach am 13. Dezember 1938 nach Freiburg zurück.

1940 wurde die Vollzugsanstalt zu einem Wehrmachtsgefängnis umgewandelt. In der Zeit zwischen 1941 und 1944 schwankte die Freiburger Gefangenenzahl zwischen 1000 und 1600 Soldaten. Zu den Vollzugsbediensteten gehörte auch der Unteroffizier *Karl Siegfried Bader*, nach Kriegsende Generalstaatsanwalt in Freiburg (*Näheres hierzu Rundgang II, Station 17*). 1941 wurde Bader zur Wehrmacht eingezogen und auf Betreiben des Freiburger Strafrechtlers *Adolf Schönke* (1908-1953), bei dem er sich habilitierte, ein Jahr später als Schreiber an das Wehrmachtsgefängnis versetzt. In dieser Eigenschaft hatte Bader Akten anzulegen, Strafzeiten zu berechnen und die Monatsstatistik zu führen. Ferner wurde er als Amtsverteidiger vor Militärrichtern eingesetzt. Aus seiner Tätigkeit im Freiburger Wehrmachtsstrafvollzug ist ein Manuskript *Unter bestraften Soldaten* hervorgegangen, das nunmehr im Institut für Zeitgeschichte in München verwahrt wird. Beim Luftangriff im November 1944 wurde auch die Gefängnisanstalt getroffen, fast sämtliche Verwaltungs- und Gefangenenunterlagen gingen hierbei verloren.

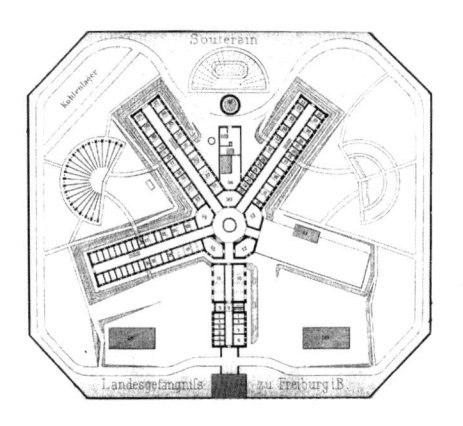

Heute ist die Justizvollzugsanstalt Freiburg eine der Langstrafenanstalten von Baden-Württemberg. Sie ist zuständig für den Vollzug von Freiheitsstrafen von mehr als einem Jahr und drei Monaten für die Landgerichtsbezirke Freiburg, Baden-Baden, Offenburg, Konstanz und Waldshut-Tiengen. Daneben werden auch Untersuchungshäftlinge für die genannten Gerichtsbezirke verwahrt. In der Vollzugsanstalt sind 325 Justizvollzugsbedienstete tätig; etwa 700 Gefangene sitzen dort ein.

*Von der Vollzugsanstalt gehen wir über das Gelände der Naturwissenschaftlichen Universitätsinstitute und erreichen die Albertstraße, die wir ostwärts begehen. An der Ecke zur Sautierstraße wenden wir uns rechts und gelangen nach wenigen Metern in die Rheinstraße, die wir ostwärts bis zur Habsburgerstraße durchlaufen.*

125

**⓰ Sozialgericht Freiburg**
Habsburgerstraße 127

Das Sozialgericht Freiburg ist zuständig für Entscheidungen in allen Angelegenheiten der Sozialversicherung. Seine Zuständigkeit erstreckt sich auf den Stadtkreis Freiburg sowie die Landkreise Breisgau-Hochschwarzwald, Emmendingen, Lörrach, Ortenaukreis und Waldshut. In Angelegenheiten des Vertragsarzt- und Vertragszahnarztrechts ist das Sozialgericht zusätzlich für die Landkreise Bodenseekreis, Konstanz, Ravensburg und Sigmaringen zuständig. Im Rahmen einer Konzentrationszuständigkeit ist das Sozialgericht Freiburg für Klagen in Angelegenheiten der Knappschaftsversicherung für ganz Baden-Württemberg zuständig. Am Sozialgericht Freiburg sind gegenwärtig 22 Richter tätig.

*Vom Siegesdenkmal wenden wir uns nach rechts und erreichen nach wenigen Minuten über den Leopoldsring unseren Ausgangspunkt, den Karlsplatz.*

# Vierter Rundgang

## Gang durch das Stadtviertel Wiehre

*Das Annakirchle und der Annaplatz in der Wiehre*

# Vierter Rundgang

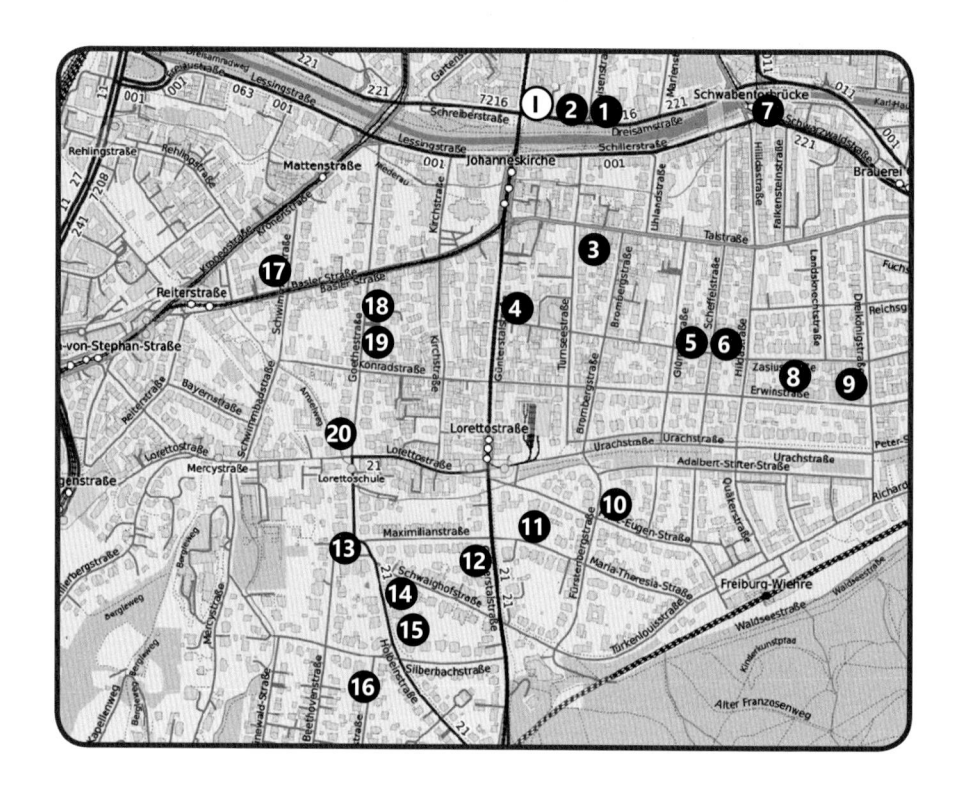

① *Anschluß zum Ersten Rundgang*

# Vierter Rundgang: Gang durch das Stadtviertel Wiehre

*Dieser Rundgang führt durch eines der schönsten Stadtviertel Freiburgs, das in seinen heutigen Ausmaßen zwar im wesentlichen im 19. Jahrhundert entstanden ist, gleichwohl eine über 1000jährige Geschichte aufweist. Auch heute noch wird es als Wohnviertel sehr geschätzt. Ausgangs- und Endpunkt ist die Ecke Dreisamstraße/Luisenstraße.*

*Stationen:* Wohnhaus Fritz Marschall von Bieberstein, Ehemaliger Dienstsitz des Verwaltungsgerichts Freiburg, Wohnhaus Paul Zürcher, Zasius-Villa, Erster Dienstsitz des Verwaltungsgerichts Freiburg, Scheffelstraße, Anwaltskanzlei Constantin Fehrenbach, Ehemaliger Dienstsitz des Badischen Verwaltungsgerichtshofs, Grabmal für den Freiheitskämpfer Maximilian Dortu, Wohnung Reichsgerichtsrat Curt Citron, Maria-Theresia-Straße, Wohnhaus Heinrich Rosin, Ehemaliger Dienstsitz des Oberlandesgericht Karlsruhe – Zivilsenate Freiburg, Wohnhaus Paul Schwoerer, Wohnhaus Otto Lenel, Juristenvilla (Theodor Maunz, Erik Wolf, Alfred Schühly, Hans Thieme), Wohnung Ernst Rudolf Huber, Lifmann-Haus, Daube-Haus, Wohnhaus Karl Binding.

*Vom Ausgangpunkt links gesehen ist das Anwesen Dreisamstraße 11 das zweite, gelb gehaltene ältere Wohngebäude.*

### ❶ Wohnhaus Fritz Marschall von Bieberstein
Dreisamstraße 11

*Fritz Marschall von Bieberstein*, am 11. April 1883 in Karlsruhe geboren, entstammt einer bekannten badischen Familie, aus der mehrere Minister und Hochschullehrer hervorgegangen sind. Er war Schüler des Heidelberger und später Berliner Staatsrechtlers *Gerhard Anschütz* (1867-1948), nachmaliger Kommentator der Weimarer Reichsverfassung. Seit 1920 lehrte Marschall von Bieberstein Staats- und Verwaltungsrecht als Nachfolger *Heinrich Rosins* (*Näheres hierzu nachfolgende Station 12*) in Freiburg. Mit seinem Vortrag zum Reichsgründungstag im Januar 1925 ist der Rechtslehrer in die Hochschulgeschichte eingegangen. In seiner in Jamben vorgetragenen Rede, die sich mit dem Thema Recht und Gesetz auseinandersetzte, bezichtigte er Reichspräsident *Friedrich Ebert* (1871-1925) im Zusammenhang mit dessen Wirken während der Revolution von 1918 des Hochverrats. Die ansonsten sachlich gehaltene Rede, die allerdings stark durch die deutschnationale Gesinnung des Redners geprägt war, wurde hierdurch zum Politikum und führte zu einem Disziplinarverfahren beim Karlsruher Kultusministerium, das schließlich im Mai 1925 eingestellt wurde. Gleichzeitig wurde gegen Marschall ein nach damaligem Recht nicht rechtsmittelfähiger Verweis als dienstpolizeiliche Ordnungsstrafe ausgesprochen. Die mit seinem Fall verbundenen Rechtsfragen, insbesondere das Verhältnis von Wissenschaftsfreiheit und Treue zur Verfassung, blieben damit ohne gerichtliche Klärung.

Seine Rede, leicht modifiziert, erschien 1927 unter dem Titel *Vom Kampf des Rechts gegen die Gesetze*. Seither ist Marschall literarisch nicht weiter in Erscheinung getreten. In der NS-Zeit verstummte er, der als Repräsentant einer naturrechtlichen Richtung galt, ganz. Er und seine Frau gehörten ab 1938 zu dem widerständigen Freiburger Konzil. Am 17. Oktober 1939 ist Marschall in Freiburg verstorben.

*Rechts vom Ausgangspunkt sind die ehemaligen Bürogebäude des Verwaltungsgerichts zu erkennen.*

❷ **Ehemaliger Dienstsitz des Verwaltungsgerichts Freiburg**
Dreisamstraße 9 und 9a

Von 1958 bis 2001 war das Verwaltungsgericht Freiburg (*zu dessen Geschichte nachfolgende Station 5*) in der Dreisamstraße ansässig. Anfang der Achtziger Jahre kam das Gebäude 9a dazu. Ferner bestanden in der Talstraße und in der Baslerstraße Außenstellen.

*Wir überqueren nun die Dreisam über den Luisensteg, der im Jahr 1900 errichtet und zu Ehren der Großherzogin Luise von Baden (1838-1923) benannt wurde. Wir betreten die Wiehre, indem wir der Turnseestraße folgen. Nach wenigen Minuten erreichen wir die Talstraße, passieren den Fußgängerüberweg und folgen weiter der Turnseestraße.*

*Gegenüber dem Schulgebäude, einst als Volksschule 1902 erbaut, sehen wir auf der linken Straßenseite die Doppelhaushälfte Nr. 19.*

❸ **Ehemaliges Wohnhaus Paul Zürcher**
Turnseestraße 19

In diesem Anwesen bewohnte der Freiburger Richter *Paul Zürcher* das Erdgeschoß seit den Dreißiger Jahren. Zürcher, am 29. Juni 1893 in Sunthausen in der Nähe von Donaueschingen geboren, stammte aus einer verarmten Schwarzwaldbauernfamilie und arbeitete vor seiner juristischen Ausbildung mehrere Jahre als Bediensteter einer englischen Adelsfamilie. Diese Zeit im Ausland war für Zürcher prägend; zeitlebens behielt er eine Vorliebe für die englische Kultur und Lebensweise bei. Als Kriegsfreiwilliger wurde er zweimal verwundet und kehrte schließlich im November 1918 als Unteroffizier in seine badische Heimat zurück. Nach Studium und Eintritt in den Landesjustizdienst wurde er für eine Studienreise nach England und einen Lehrgang für Internationales Recht an der Völkerrechtsakademie in Den Haag freigestellt. Nach kurzer Tätigkeit als Amtsgerichtsrat in St. Blasien wurde er 1932 dem Amtsgericht Freiburg zugewiesen. Mit großer Beharrlichkeit weigerte sich Zürcher als zuständiger Richter 1939/40 zwei katholische Studentenvereinigungen im Freiburger Vereinsregister zu löschen, wodurch die Einziehung des beträchtlichen Vereinsvermögens zugunsten von NS-Verbänden verhindert wurde. Im Herbst 1944 wurde er aus dem Justizdienst entfernt und als Rüstungsarbeiter zwangsverpflichtet.

Im Oktober 1945 ernannte ihn die französische Militärregierung zum Chef der deutschen Justizverwaltung in der französisch besetzten Zone Badens. Am 7. April 1948 wurde er Präsident des Badischen Oberlandesgerichts in Freiburg, wenige Tage später zudem Präsident des Badischen Staatsgerichtshofes. Als Bevollmächtigter des Landes Baden nahm er im August 1948 am Verfas-

*Paul Zürcher*

sungskonvent auf Herrenchiemsee teil. Nach Bildung des Landes Baden-Württemberg und Auflösung des Oberlandesgerichts in Freiburg wurde Oberlandesgerichtspräsident Zürcher, der sich als entschiedener Verfechter eines unabhängigen Bundeslandes Baden hervorgetan hatte, in den Wartestand versetzt. Auch in der Folgezeit übertrug die baden-württembergische Justizverwaltung dem hochverdienten Juristen kein Präsidentenamt im Land. 1958 wurde er pensioniert.

Resigniert zog sich Zürcher ins Privatleben zurück. Aufschlußreich ist die nachfolgende Bemerkung, die er 1969 in einen Brief an seinen Freund *Karl Siegfried Bader (Näheres hierzu Rundgang II, Station 15 und 17)* festhielt, mit dem er weiterhin in enger Verbindung stand: *Die politischen Verhältnisse berühren mich nicht mehr. Seit Kiesinger Kanzler ist – eine schimpfliche Beleidigung für jeden, der mit zerrissenem Herzen die Nazizeit durchlitten hat – bleibt nur die totale Abstinenz…Alle unsere guten Ansätze nach 1945 haben sich unter der Führung der CDU … in ein Nichts aufgelöst.* Hochbetagt starb der verdienstvolle Richter am 5. November 1980 in Freiburg.

*Wir gehen nun die Turnseestraße weiter südwärts und erreichen alsbald auf der rechten Straßenseite das Kulturdenkmal Ensemble Christuskirche. Die am 31. Mai 1891 eingeweihte Christuskirche war das zweite evangelische Gotteshaus in Freiburg. Während der NS-Diktatur war sie ein Zentrum der bekennenden Kirche. Die professorale Widerstandsgruppe mit dem Historiker Gerhard Ritter (Näheres hierzu Rundgang III, Station 6) und den Nationalökonomen Walter Eucken, Adolf Lampe und Constantin von Dietze ist eng mit der Kirche und dem Pfarrhaus Maienstraße 2 verbunden. Am ehemaligen Pfarrhaus befin-*

**Christuskirche**

*det sich auch eine Erinnerungstafel zu Ehren der Widerstandskämpfer. An der Zasiusstraße angelangt, wenden wir uns nach rechts und erreichen wenig später die Zasiusvilla.*

### ❹ Zasius-Villa
Günterstalstraße/Ecke Zasiusstraße

Das als Zasius-Villa bekannte Gebäude wurde 1880 errichtet und ist eine klassizistische Vorstadt-Villa aus der damaligen Zeit. Eine Besonderheit des Gebäudes ist die bildliche Darstellung des Namensgebers an der südlichen, zur Zasiusstraße gelegenen Fassadenseite. Ein großes Medaillon im Bereich des Erdgeschosses weist die fast vollplastische Darstellung des Kopfes von Ulrich Zasius (*Näheres hierzu Rundgang I, Station 16*), des berühmten Freiburger Juristen, auf.

*Von der Zasiusvilla aus begeben wir uns nun die Zasiusstraße aufwärts und überqueren die Brombergstraße sowie die Glümerstraße. Kurz vor der Scheffelstraße gelangen wir zum auf der linken Straßenseite befindlichen mehrgeschossigen Anwesen Zasiusstraße 35, im dem sich heute mehrere Anwaltskanzleien befinden.*

*Zasius-Medaillon*

### ❺ Erster Dienstsitz des Verwaltungsgerichts Freiburg
Zasiusstraße 35

Das am 22. April 1948 eröffnete Verwaltungsgericht (*vgl. Rundgang II, Station 26*) verfügte zu Beginn seiner Tätigkeit über keine eigenen Räume. Die Geschäftsstelle befand sich im Gebäude des Landratsamts Freiburg in der Fürstenbergstraße 17 und wurde von Bediensteten dieser Behörde mit Hilfe eines Referendars des Verwaltungsgerichts betreut. Zum ersten hauptamtlichen Richter des Verwaltungsgerichts Freiburg wurde am 9. April 1948 der damalige Baden-Badener Polizeidirektor *Walter Bargatzky* (1910-1998) berufen. Gleichzeitig wurde er als Direktor des Verwaltungsgerichts Freiburg sowie Baden-Baden bestellt. Wohl aus diesem Grund wurden die Geschäfte des

Freiburger Verwaltungsgerichts anfänglich von der Geschäftsstelle des Verwaltungsgerichts in Baden-Baden miterledigt. Ende 1949 bezog das Verwaltungsgericht Freiburg seine ersten eigenem Diensträume im Gebäude Zasiusstraße 35/1. Dort standen allerdings für Sitzungen und für die Unterbringung des Direktors als einzigen Richter, eines Referendars, eines Geschäftsstellenbeamten sowie zwei Schreibkräfte nur zwei Räume mit insgesamt 37 Quadratmetern zur Verfügung.

Bargatzky selbst widersetzte sich im Dezember 1949 gegen seine von der südbadischen Justizverwaltung angeordnete Abberufung als Vorsitzender des Freiburger Verwaltungsgerichts, gab den entsprechenden Erlaß in mündlicher Verhandlung den Verfahrensbeteiligten bekannt und führte die Sitzung fort. Wenige Monate später trat er in den Bundesdienst über und gelangte über verschiedene Verwendungen im Bundesinnenministerium schließlich als Staatssekretär an die Spitze des Bundesgesundheitsministeriums.

Bemerkenswert ist auch heute noch – gerade im Hinblick auf die Kriegsjahre im besetzten Paris – die Einschätzung des damaligen Militärgouvernements Baden-Baden zu Bargatzky: *„un homme jeune, actif, ayant du caractère".* Bargatzky wurde nach kurzer Verwendung in der Präsidial-

*Walter Bargatzky*

abteilung des Oberlandesgerichts Karlsruhe Anfang 1939 an das Reichsjustizministerium nach Berlin abgeordnet und in dieser Eigenschaft 1941 zum Ersten Staatsanwalt bei der Generalstaatsanwaltschaft Karlsruhe ernannt. Tatsächlich wurde er aber bereits bei Kriegsbeginn zur Wehrmacht eingezogen und wenig später als Kriegsverwaltungsrat – u. a. in der Gruppe Justiz – zum Verwaltungsstab beim Militärbefehlshaber Frankreich nach Paris versetzt. Hier beteiligte er sich an den Pariser Umsturz- und Staatsstreichaktivitäten der Bewegung des 20. Juli 1944.

In der Leitung des Verwaltungsgerichts Freiburg wurde Bargatzky von

*Walther Fürst* (1912-2009) abgelöst, der zunächst in der badischen Kommunalverwaltung tätig gewesen war. 1953 wurde Fürst an das neuerrichtete Bundesverwaltungsgericht in Berlin als Bundesrichter berufen. Drei Jahre später wurde er Senatspräsident des für das Recht des öffentlichen Dienstes zuständigen Senats, 1971 Vizepräsident des Bundesverwaltungsgerichts. Von 1976 bis 1980 war Walther Fürst Präsident des Bundesverwaltungsgerichts. Seinen Ruhestand verbrachte er in Bad Krotzingen; in Münstertal im Schwarzwald ist er am 23. Oktober 2009 verstorben.

*Kurze Zeit später erreichen wir die Scheffelstraße und überqueren diese.*

*Joseph Victor von Scheffel*

**❻ Scheffelstraße**

Der Dichterjurist *Joseph Victor von Scheffel* wurde am 16. Februar 1826 in Karlsruhe geboren, wo er auch seine Kindheit und Jugendzeit verbrachte. 1843 begann er seine juristische Ausbildung an der Universität Heidelberg. Mit dieser Stadt fühlte er sich eng verbunden. Sein Gedicht „Alt-Heidelberg" ist auch heute noch vielfach bekannt. Dies gilt weniger für seine zahlreichen Romane, die im Kaiserreich Traumauflagen erlebten, aber heute nur noch begrenzt ihre Leser finden.

Kurz vor Ende seines Universitätsstudiums wurde Scheffel zum unbesoldeten Legationssekretär des Freiburger Staatsrechtlers *Karl Theodor Welcker* (*Näheres hierzu Rundgang II, Station 9*) bestellt, der als badischer Bundestagsgesandter in Frankfurt a.M. wirkte und wenig später als Abgeordneter in die Nationalversammlung einzog. Nach bestandener Staatsprüfung im Sommer 1848 trat Scheffel in den badischen Vorbereitungsdienst ein, den er teilweise am Bezirksamt in Säckingen absolvierte. Dort erhielt er neben seiner dienstlichen Tätigkeit Anregungen vielfacher Art, die schließlich in seinem 1854 erschienenen Versepos *Der Trompeter von Säckingen*, sein wohl bekanntestes Werk, einflößen. Ende 1851 wurde Scheffel Sekretär am Hofgericht in Bruchsal. Dort fand er beruflichen und häuslichen Anschluß an den schriftstellernden Hofgerichtsrat *Albrecht Preuschen* (1802-1856), der neben einer Hebelbiographie zahlreiche Erzählungen und Gedichte verfaßte. Bereits 1852 schied Scheffel auf eigenem Wunsch endgültig aus dem Justizdienst aus, um nach einer vorübergehenden Tätigkeit als Hofbibliothekar in Donaueschingen ausschließlich seinen schriftstellerischen Neigungen nachzugehen.

Mit der Juristerei blieb Scheffel allerdings auf die ihm eigene Art weiter verbunden. Von ausgeprägter Rechtsstreitsucht heimgesucht, betrieb er zeitlebens zahlreiche Prozesse, u.a. Urheberrechtstreitigkeiten, Nachbarklagen sowie Beleidigungsverfahren. Hierbei ließ er es sich nicht nehmen, die erforderlichen Schriftsätze überwiegend selbst zu verfassen. Sein überspanntes Gerechtigkeitsgefühl hat ihn dabei die altbewährte Weisheit vom summum ius als summa iniuria aus den Augen verlieren lassen. In Karlsruhe verstarb Scheffel am 9. April 1886.

*Kurz darauf stoßen wir auf die Hildastraße. Dieser folgen wir stadteinwärts und gelangen an den Kreuzungsbereich Hildastraße/Schwarzwaldstraße, das wuchtige Malebrin-Haus, 1902 als Jugendstilgebäude erstellt, passierend. Auf der gegenüberliegenden Straßenseite erkennen wir das Anwesen Schwarzwaldstraße 1.*

❼ **Anwaltskanzlei Constantin Fehrenbach**
Schwarzwaldstraße 1

Der Freiburger Rechtsanwalt *Constantin Fehrenbach* (1852-1926) hat sich als Zentrumspolitiker reichsweit einen besonderen Ruf als umsichtiger und auf Ausgleich bedachter Parlamentarier erworben. Er bekleidete höchste Ämter in Baden und im Reich. Seine Anwaltskanzlei unterhielt er in der Schwarzwaldstraße.

*Constantin Fehrenbach*

Er wurde am 11. Januar 1852 im kleinen Schwarzwalddorf Wellendingen bei Bonndorf geboren. Zunächst in ländlichen Verhältnissen aufgewachsen, besuchte er ab 1865 das humanistische Bertholdgymnasium (Lyzeum) in Freiburg, wo er auch das Abitur ablegte. Anschließend studierte er

*Marie Hossner* (1855-1921), die Tochter des Freiburger Rechtsanwalts Felix Hossner. Nach den beiden Staatsprüfungen wurde Fehrenbacher 1882 in Freiburg Rechtsanwalt und machte sich sehr schnell einen Namen als erfolgreicher Strafverteidiger.

Auch als Zentrumspolitiker engagierte er sich an führender Stelle. 1885 bis 1887 wirkte er als Abgeordneter in der Zweiten Kammer des Karlsruher Ständehauses. Von 1901 bis 1913 war er erneut dort tätig, 1907 als deren Präsident. Seit 1903 gehörte er auch dem Reichstag an. Im Zusammenhang mit der Zaberner Affaire, die durch Übergriffe des Militärs in der unterelsässischen Stadt Zabern ausgelöst worden war, wurde Fehrenbach im Herbst 1913 deutschlandweit bekannt. Im Reichstag begründete er das erste Mißtrauensvotum gegen einen amtierenden Reichskanzler und trat als Gegenpol zu den Auswüchsen des preußischen Militarismus im Elsaß auf. Er forderte nicht nur das Primat der Zivilgewalt im Verfassungsstaat ein, sondern konnte auch einfühlsam die Belange der Elsäßer,

*Haus Fehrenbach, etwa 1896*

Theologie an der Albert-Ludwigs-Universität. 1874 empfing er die niederen Priesterweihen, gab dann aber seinen Entschluß, Priester zu werden, auf. Nach dem einjährigen Wehrdienst, den er bei dem 5. Badischen Infanterieregiment Nr. 113 in Freiburg absolvierte, studierte er Rechtswissenschaften an der Freiburger Fakultät. 1879 heiratete Fehrenbach

denen er als alemannischer Landsmann besonders nahestand, ansprechen. Im Juni 1918 wurde Fehrenbach zum Reichstagspräsidenten bestellt. Als Zeichen der Kontinuität, aber mit neuem Inhalt, kann es verstanden werden, daß ihm auch die Präsidentschaft der verfassungsgebenden Nationalversammlung in Weimar übertragen wurde. Als Parlamentspräsident oblag es ihm seinen von der Nationalversammlung zum Reichspräsidenten gewählten badischen Landsmann Friedrich Ebert auf die neue Reichsverfassung zu vereidigen. Vom 6. Juni 1920 bis zum 4. Mai 1921 versah Fehrenbach in schwieriger Zeit das Amt des Reichskanzlers. Im Jahre 1922 wurde er zum Mitglied des Staatsgerichtshofs zum Schutze der Republik in Leipzig ernannt. Dieser Gerichtshof war nach der Ermordung des Reichsaußenministers *Walter Rathenau* (1867-1922) errichtet worden und war insbesondere für die Verfolgung schwerwiegender Staatsschutzdelikte, wie Ministermord, aber auch für den Staatsschutz betreffende Verwaltungssachen, zuständig. Er war organisatorisch dem Reichsgericht angegliedert, besaß aber die Eigenschaft eines selbständigen Gerichts.

Ende 1923 übernahm Fehrenbach das Amt des Fraktionsvorsitzenden der Zentrumspartei im Reichstag, das er bis zu seinem Lebensende ausübte. Am 26. März 1926 ist der überzeugte Demokrat in Freiburg verstorben. Seit Anfang der Fünfziger-Jahre des letzten Jahrhunderts erinnert im Stadtteil Stühlinger die Fehrenbach-Allee an den früheren Reichskanzler und Freiburger Ehrenbürger.

Fehrenbachs Enkel Rechtsanwalt *Clemens Rosset* (1911-2008), 1911 in Freiburg geboren, war langjähriges Vorstandsmitglied der Rechtsanwaltskammer Freiburg. Seine Anwaltstätigkeit begann er 1946 mit Eintritt in die Anwaltskanzlei *Hermann Kopf* (*Näheres hierzu Rundgang II, Station 3*). Später gründete er eine eigene Kanzlei, welche an die seines Großvaters anknüpfte. Auch heute wird

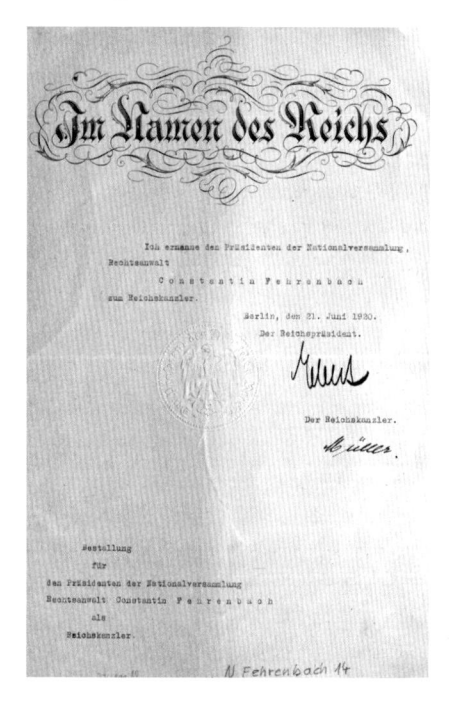

*Ernennungsurkunde zum Reichskanzler*

diese Kanzlei in der Schwarzwaldstraße 1 unter dem Namen Rechtsanwälte Rosset, Merz und Partner fortgeführt.

Bei Kriegsende machte sich Clemens Rosset auf besondere Weise um Freiburg, namentlich um die vor dem Anwesen Schwarzwaldstraße 1 befindliche Schwabentorbrücke verdient. Bei starkem Hochwasser stürzte die Brücke in der Nacht vom 8./9. März 1896 ein und riß den damaligen Landeskommissär für die Kreise Freiburg, Lörrach und Offenburg Ministerialrat *Kurt Siegel* (1832-1896) und den Freiburger Amtmann *Leopold Sonntag* (1830-1896) in den Tod. Nach dem Wiederaufbau war die Brücke knapp 50 Jahre später erneut in großer Gefahr. Beim Einmarsch der französischen Truppen am 21. April 1945 in Freiburg sollten die Dreisambrücken gesprengt werden. An der Schwabentorbrücke trafen um die Mittagszeit deutsche Soldaten ein, um die Brücke zunächst zu verteidigen und dann zu sprengen; Tage zuvor waren bereits Sprengladungen angebracht worden.

Als in der Wallstraße erste französische Soldaten vordrangen und das Gefecht unmittelbar bevorstand, unterband Rosset das sich abzeichnende Blutvergießen. 1944 als Hauptmann wegen eines schweren Gehörsleidens aus der Wehrmacht entlassen, begab er sich in sein Haus zurück, zog seine Offiziersuniform an und erklärte gegenüber dem Führer der an der Brücke eingesetzten Soldaten, er überbringe den letzten Befehl des Freiburger Stadtkommandanten: Die Brückenbesatzung solle unverzüglich die Sprengladungen entschärfen und sich sodann zum ostwärts gelegenen Messplatz als neuen Sammelpunkt zurückziehen. Mit der ihm eigenen Autorität konnte er gegenüber den zunächst zweifelnden Soldaten seinen fiktiven Befehl durchsetzen und den Bereich um die Schwabentorbrücke vor der Zerstörung bewahren. Sein mutiges und zugleich lebensgefährliches Handeln sah der Jurist als Selbstverständlichkeit an: Wenn man Jahre in Rußland an der Front war, dann war das jetzt nichts Besonderes, so Rosset im Rückblick.

*Über die Falkensteinstraße und die Landsknechtstraße gelangen wir zurück zur Zasiusstraße. Hier wenden wir uns nach rechts und erreichen wenig später das auf der linken Straßenseite befindliche viergeschossige Anwesen Zasiusstraße 50.*

### ❽ Ehemaliger Dienstsitz des Badischen Verwaltungsgerichtshofes
Zasiusstr. 50

Nachdem die ordentliche Gerichtsbarkeit in Südbaden bereits im Oktober 1945 ihre Tätigkeit wieder aufgenommen hatte, verlangte die französische Militärregierung von der badischen Verwaltung, auch die Verwaltungsgerichtsbarkeit wieder zu eröffnen. In seiner am 30. November 1945 den zuständigen französischen Dienststellen übersandten Denkschrift zur Einführung der Verwaltungsgerichtsbarkeit schlug Ministerialdirektor *Paul Haußer* (1880-1966) in Anknüpfung an die frühere Rechtslage in Baden nur eine Instanz vor, nämlich einen Verwaltungsgerichtshof als Obergericht, während die Eingangsinstanz bei den Verwaltungsämtern verbleiben sollte. Diese Konzeption wurde von der französischen Militärregierung aus rechtsstaatlichen Erwägungen zurückgewiesen und stattdessen auch für die Eingangsinstanz die Errichtung selbständiger Verwaltungsgerichte verlangt. Diese sollten in Baden-Baden, Freiburg und Konstanz angesiedelt werden. Während der Aufbau der neu zu errichtenden Eingangsinstanz sich verzögerte, wurde der Badische Verwaltungsgerichtshof mit Bekanntmachung des Innenministeriums vom 1. Oktober 1946 an diesem Tag eröffnet. Als Diensträume wurde ihm das

*Amtsgebäude des Badischen Verwaltungsgerichtshofs in Karlsruhe, Vorgängerinstitution des Freiburger Gerichts*

Anwesen Zasiusstraße 50, in dem zunächst auch das Badische Innenministerium untergebracht war, zugewiesen. Das Amt des Präsidenten des Verwaltungsgerichtshofes wurde Paul Haußer übertragen, der bis zu seinem Eintritt in den Ruhestand dem Gerichtshof angehörte. Später wurde der Verwaltungsgerichtshof in die Prinz-Eugen-Straße 13 verlegt und bezog schließlich 1952 das Colombischlößle (*Näheres hierzu Rundgang II, Station 2*).

*Wir gehen nun die Zasiusstraße bis zur Dreikönigsstraße weiter und wenden uns nach rechts. Nach wenigen Schritten erreichen wir die heutige Grünanlage des Alten Friedhofs Wieh-*

*re. In diese treten wir ein und sehen auf der linken Seite das eingezäunte Grabmal für Maximilian Dortu.*

**⑨ Grabmal für den Freiheitskämpfer Maximilian Dortu**
Alter Friedhof Wiehre, Ecke Erwinstraße/Dreikönigstraße

*Johann Ludwig Maximilian Dortu* wurde am 29. Juni 1826 in Potsdam geboren. Er entstammt einer hugenottischen Familie, deren Vorfahren als Glaubensflüchtige Frankreich verlassen mußten und nach Preußen eingewandert waren. Sein Vater, der als Student einer liberal-demokratischen Burschenschaft in Jena angehört hatte, war in Potsdam als Justiz-Commissarius tätig. Nach der Reifeprüfung meldete sich Maximilian Dortu freiwillig zum Wehrdienst und wurde Unteroffizier im Kaiser-Franz-Garde-Grenadierregiment Nr. 2, das in Berlin stationiert war. Zur gleichen Zeit diente dort auch *Theodor Fontane* (1819-1898) als Einjährig-Freiwilliger. Im Wintersemester 1845 schrieb sich Dortu in der Rechtswissenschaftlichen Fakultät der Universität Heidelberg ein und hörte im folgenden Jahr auch Vorlesungen bei dem Strafrechtler Karl Joseph Anton Mittermeier, der sich für die Modernisierung des Strafprozesses, insbesondere die Einführung von Schwurgerichten, einsetzte. In Heidelberg war Dortu in Berührung mit dem Neckarbund gekommen, einer revolutionären Gruppierung, die sich von der radikalen Burschenschaft Alemania abgespalten hatte. Nach Abschluß seines Studiums setzte Dortu seine juristische Ausbildung beim Stadtgericht Potsdam als Auskulator fort. Im März 1848 schloß er sich als Redner und Agitator der demokratischen Bewegung an. Von Dortu stammt die berühmte Bezeichnung Kartätschenprinz für Prinz *Wilhelm von Preußen* (1797-1888), dem späteren Kaiser Wilhelm I., der mit Waffengewalt gegen die Demonstranten der Märzrevolution in Berlin vorgegangen war. Deswegen wurde gegen Dortu ein Verfahren wegen Majestätsbeleidigung angestrengt, das mit einer Verurteilung zu einer 15monatigen Festungshaft endete. Dortu konnte sich der Haftstrafe durch Flucht nach Paris entziehen.

*Maximilian Dortu*

Im Mai 1849 kam er nach Baden, um sich an der demokratischen Revolutionsbewegung zu beteiligen. Auf Empfehlung von Gustav Struve wurde Dortu Ordonnanzoffizier im Rang eines Majors beim Oberkommandierenden der Volkswehren. Als Kommandant der Murgtäler Volkswehr richtete er die dortigen Verteidigungsstellen ein und führte die geschlagenen Truppen der Revolutionsarmee über Offenburg nach Freiburg. Dort wurde er am 6. Juli festgenommen und der preußischen Interventionsarmee überstellt. Am 11. Juli wurde er von einem preußischen Militärgericht wegen Landesverrats zum Tode verurteilt. Ausschlaggebend für das harte Urteil war der Umstand, daß Dortu als preußischer Staatsbürger und Unteroffizier der Reserve „seinem rechtmäßigen Landes- und Kriegsherren, seinen eigenen Waffenbrüdern und Landleuten mit der Waffe in der Hand entgegengetreten" war. Nach der Bestätigung des Todesurteils wurde die Exekution in den frühen Morgenstunden des 31. Juli 1849 auf dem Freiburger Wiehre-Friedhof durch ein preußisches Kommando vollzogen. Dort wurde er auch bestattet, allerdings wurde zunächst untersagt, einen Grabhügel aufzuschütten. Das Verbot, dem jungen Freiheitskämpfer eine würdige Grabstätte zu geben, lies sich nicht lange aufrechterhalten. So stellten bereits wenig später preußische Landwehrsoldaten für ihren ehemaligen

*Grabstätte Dortu auf dem Alten Friedhof Wiehere*

Kameraden an der Grabstelle ein schlichtes Holzkreuz auf. Die Eltern sorgten schließlich für den Bau der heute noch vorhandenen kleinen Gruft, in dem auch sie neben ihrem Sohn ihre letzte Ruhestätte fanden. Die Tradition, am Jahrestag der Exekution an den jungen Freiheitskämpfer zu erinnern, die 1919 und 1949 zu großen Gedenkfeiern führte, wurde in den letzten Jahren wieder aufgenommen. Zum 150. Jahrestag besuchte auch eine Delegation aus Potsdam die Grabstätte. Im Freiburger Stadtteil St. Georgen ist eine Straße nach Maximilian Dortu benannt.

*Wir verlassen den ehemaligen Friedhof und folgen der Erwinstraße, die Scheffelstraße überquerend, bis zur Brombergstraße westwärts. Dort biegen wir in diese Straße nach links ein. Auf der rechten Straßenseite passieren wir die Rückseite der 1894 im neugotischen Stil erstellten einstigen anglikanischen Kirche St. Georg und Bonifatius. Einen Blick zurückwerfend sehen wir den Münsterturm –*

*zum Greifen nahe. Alsbald erreichen wir die Fürstenbergstraße. Auf der linken Straßenseite sehen wir das Anwesen Nr. 7.*

### ⑩ Wohnung des Reichsgerichtsrats Curt Citron
Fürstenbergstraße 7

Hier wohnte der ehemalige Reichsgerichtsrat *Curt Citron* von 1939 bis zu seinem Tode im Jahre 1957. Nach seinem vorzeitigen Ruhestand im Jahre 1933 zog er ein Jahr später mit seiner Familie nach Freiburg.

Citron wurde am 24. Juli 1878 in Berent/Westpreußen geboren. Er trat 1899 in den preußischen Justizdienst ein und wurde nach Tätigkeiten als Amts- und Landrichter im Jahre 1921 Richter am Oberlandesgericht Stettin. Zum 1. Juni 1928 erfolgte seine Ernennung zum Reichsgerichtsrat; er wurde dem kurz zuvor errichteten VIII. Zivilsenat zugewiesen. Dieser Senat war im wesentlichen zuständig für Miet- und Pachtsachen, Schadensersatz wegen unerlaubter Haftung und Haftpflichtsachen. Zugleich wurde Citron auch Mitglied des beim Reichsgericht gebildeten Reichsarbeitsgerichts.

Zum 1. Januar 1929 erhielt den Vorsitz des VIII. Zivilsenats *Alfons David* (1866-1954) übertragen, der am 1. Februar 1918 ins Reichsge-

*St. Georg und Bonifatius*

richt berufen wurde und zuvor im preußischen Justizdienst tätig gewesen war. Senatspräsident David war wie Citron jüdischer Herkunft. Bereits im März 1933 wurde David, der damals zugleich Präsident des beim Reichsgericht bestehenden Ehrengerichtshofs für Rechtsanwälte war, von sächsischen NS-Funktionären massiv gedrängt, aus dem Amt auszuscheiden. Dies war der erste nationalsozialistische *Zugriff auf das Reichsgericht* (Dieter Miosge). Nachdem David den erwarteten Schutz seitens des Reichsgerichts nicht erhalten hatte, entschloß er sich, vorzeitig aus dem Richterdienst auszuscheiden. Die Entlas-

143

sungsurkunde trägt das Datum vom 6. April 1933; einen Tag später ergingen die neuen gesetzlichen Regelungen, nach denen David als sog. Altbeamter bis zum regulären Ruhestand im August 1934 im Dienst hätte verbleiben können. David konnte 1939 Deutschland noch rechtzeitig verlassen und fand Zuflucht in den USA, wo er 1954 verstarb.

Citron erlitt Anfang Januar 1933 einen Schlaganfall und trat deshalb am 1. August des gleichen Jahres vorzeitig in den Ruhestand. Mitte 1934 zog er nach Freiburg. Er entging der späteren Verschleppung in die NS-Lager als Ehemann einer „arischen" Deutschen. So erlebte er das Kriegsende in Freiburg. In der unmittelbaren Nachkriegszeit verfaßte er mehrere Aufsätze, u. a. *Recht und Laienrichter* sowie *Habeas Corpus* und veröffentlichte mit einem Mitautor einen arbeitsrechtlichen Leitfaden.

*Wenig später erreichen wir die Maria-Theresia-Straße.*

*Reichsgericht in Leipzig*

## ⑪ Maria-Theresia-Straße

Unter der Herrschaft von Kaiserin Maria Theresia (1717-1780) wurde 1768 die Constitutio Criminalis Theresiana als einheitliches Strafrecht für alle Habsburger Länder mit Ausnahme Ungarns eingeführt. Dieses Strafgesetzbuch löste die bisherige Constitutio Criminalis Carolina aus dem Jahre 1532 ab, allerdings war es inhaltlich noch stark durch das bisherige Recht geprägt. Wenige Jahre später wurde unter dem Einfluß ihres Sohnes die Folter abgeschafft.

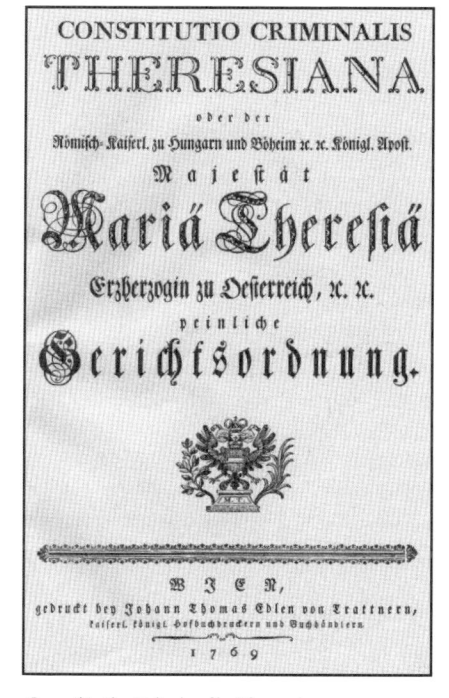

*Vorderösterreichische Viehmängelhaftung von 1766*

*Constitutio Criminalis Theresiana*

*Wir wenden uns nach rechts und sehen alsbald auf der linken Straßenseite das Anwesen Maria-Theresia-Straße 8, eine 1905 von dem Freiburger Architekten Rudolf Schmid (1868-1947) in Anlehnung an den Wiener Sezessionsstil erstellte Villa mit römisch-antikisierenden Elementen. Hier lebten der bedeutende Freiburger Romanist Hugo Friedrich (1904-1978) sowie in späteren Jahren Gottfried Schramm (1929-2017), langjähriger Inhaber des Lehrstuhls für Neuere und osteuropäische Geschichte. Wenige Schritte weiter erreichen wir die Günterstalstraße. Etwas südlich gelegen befindet sich das Anwesen Günterstalstraße 72, ein prächtiger Bau aus der Gründerzeit.* Hier wohnte Franz Böhm (Näheres hierzu Rundgang III, Station 4) mit Frau und Kind im ersten Obergeschoß in den Dreißiger Jahren des letzten Jahrhunderts. *Eine Zeit lang lebte dort auch Böhms Schwiegermutter Ricarda Huch (1864-1947), die bekannte Schriftstellerin. Wir wenden uns dem an der Straßenkreuzung gegenüberliegenden Eckhaus zu, dem Anwesen Nr. 64.*

*Heinrich Rosin*

**⓬ Ehemaliges Wohnhaus Heinrich Rosin**
Günterstalstraße 64

In diesem Anwesen bewohnte *Heinrich Rosin* in den Zwanziger Jahren das Erdgeschoß und das erste Obergeschoß. Er wurde am 14. September 1855 in Breslau geboren und studierte dort Rechtswissenschaften. Dissertation und Habilitation waren rechtsgeschichtlichen Themenbereiche gewidmet und erfolgten an der Breslauer Fakultät. 1883 wurde er als Extraordinarius nach Freiburg berufen und erhielt 1888 ein Ordinariat für Staatsrecht. Er war damit wohl der erste jüdische Ordinarius für Staatsrecht in Deutschland und hat sich als Pionier des allgemeinen Verwaltungs- und Sozialversicherungsrechts hervorgetan.

Rosin wurde binnen kurzem zu einer tragenden Säule der Fakultät (Alexander Hollerbach). Mehrfach begleitete er das Amt des Dekans der rechtswissenschaftlichen Fakultät. Rosin war prominentes Mitglied der israelitischen Gemeinde in Freiburg und hochverdiente Führungspersönlichkeit in der Gesamtorganisation der badischen Juden. Seine persönliche Verehrung für den Reichsgründer *Otto von Bismarck* (1815-1898) schlug sich auch in zwei Schriften nieder, wobei er insbesondere dessen vorbildliche Sozialgesetzgebung in den Blick nahm. In seinen *Grundzüge einer allgemeinen Staatslehre* bekannte sich Rosin zu dem Gedanken der Subsidiarität des Staatshandelns und betonte die „Wechselseitigkeit von Staatssicherheit und bürgerlicher Freiheit". Die rechtsstaatlichen Bindungen des Verfassungsstaats standen für ihn außer Frage. 1923 stellte er seine Lehrtätigkeit an der Freiburger Fakultät endgültig ein, am 31. März 1927 ist er in Freiburg verstorben.

*Wir betreten nun die Maximilianstraße und gehen westwärts zum Goetheplatz. Auf der südlichen Platzhälfte, rechter Hand, befindet sich das Anwesen Goetheplatz 2.*

### ⓭ Ehemaliger Dienstsitz des Oberlandesgericht Karlsruhe – Zivilsenate in Freiburg
Goetheplatz 2

In diesem Gebäude waren zwischen 1956 und 1959 die Freiburger Außensenate des Oberlandesgerichts Karlsruhe untergebracht. Ende 1959 übersiedelten die Zivilsenate in das Colombischlößle (*Näheres hierzu Rundgang II, Station 2*).

*Vom Goetheplatz gehen wir in die südlich abzweigende Holbeinstraße und erreichen alsbald das auf der linken Straßenseite befindliche Doppelhaus-Anwesen Nr. 3-5.*

### ⓮ Wohnhaus Paul Schwoerer
Holbeinstraße 3

In dieser Haushälfte wohnte *Paul Schwoerer* (1874-1959), der letzte badische Landeskommissär für die Kreise Offenburg, Freiburg und Lörrach. Dem Landeskommissär oblagen nach dem Gesetz ennumerativ festgelegte Aufgaben, ohne eine eigentliche Zwischeninstanz zwischen Unterbehörde und Ministerium zu sein. Im Bereich des Gemeinderechts fungierte er allerdings zwischen Kommunen und dem Ministerium als Staatsaufsichtsbehörde. Schwoerer galt für seine Zeitgenossen als Inbegriff des guten Beamten. Von 1929 bis 1945 war er ehrenamtlich Vorsitzender des Landesvereins Badische Heimat. In den Nachkriegsjahren wirkte er an der Rechtswissenschaftlichen Fakultät als Lehrbeauftragter für Verwaltungsrecht und hielt bis 1950 regelmäßig verwaltungsrechtliche Übungen ab.

*Paul Schwoerer*

147

*Das Anwesen Nr. 5 dient seit etwa 60 Jahren der katholischen Studentenverbindung Brisgovia (K. St. V. Brisgovia) als Verbindungshaus und Begegnungszentrum.*

### ⑮ Wohnhaus Otto Lenel
Holbeinstraße 5

Für den Rechtshistoriker *Otto Lenel* (1849-1935) wurde dieses Anwesen errichtet, als er 1907 einen Ruf als Ordinarius für Römisches und Bürgerliches Recht an der Freiburger Fakultät erhielt. Zuvor lehrte er seit 1885 an der Kaiser-Wilhelms-Universität in Straßburg.

Otto Lenel wurde am 13. Dezember 1849 in Mannheim geboren. Er entstammt einer jüdischen Kaufmannsfamilie aus Baden. Sein Vater war seit 1871 Vorsitzender der Handelskammer in Mannheim. Otto Lenel nahm 1865 das Studium der Rechtswissenschaften in Heidelberg auf, wechselte dann nach Leipzig und Berlin. Schließlich kehrte er wieder nach Heidelberg zurück, wo er das erste juristische Staatsexamen ablegte. In Heidelberg kam er in näheren Kontakt zu *Levin Goldschmidt* (1829-1887), später Reichsoberhandelsgerichtsrat in Leipzig und Begründer der modernen Handelsrechtswissenschaft in Deutschland. 1882 erhielt Lenel seine erste Professur in Kiel.

*Otto Lenel*

Als romanistischer Rechtshistoriker von Weltruf wurde er vor allem durch seine Rekonstruktion des prätorischen Edikts und der in die Digesten kompilierten Klassikerfragmente bekannt. 1929 wurde er zu seinem 80. Geburtstag mit einer Glückwunschadresse gefeiert, in der 20 Länder verschiedener Erdteile und 100 Universitäten vertreten waren. Den vielfach geehrten, mehrfachen Ehrendoktor (Oslo, Breslau, Mailand) und Mitglied zahlreicher in- und ausländischer Akademien (München, Göttingen, Heidelberg, Leipzig, Wien, Rom, Bologna, Palermo, London) hat der Freiburger Rechtshistoriker *Elmar Bund* (1930-2008) schlicht und treffend beschrieben: *Geschäftig und betriebsam war Lenel nicht. Sein bevorzugter Wirkungsort war neben dem Hörsaal der häusliche Schreibtisch.*

Einen schweren Verlust traf den Freiburger Romanisten, als sein Sohn *Paul Lenel* (1884-1918), junger Privatdozent in Göttingen und Hauptmann d. Res., auf dem Rückzug in Frankreich bei La Bassée am 30. September 1918 fiel. Die Habilitationsschrift des jungen Gelehrten, der in Straßburg aufwuchs und in Freiburg Rechtswissenschaften studierte, *Badens Rechtsverwaltung und Rechtsverfassung unter Markgraf Karl Friedrich 1738-1803*, 1913 in Karlsruhe erschienen, wird auch heute noch im rechtsgeschichtlichen und landeskundlichen Schrifttum als Standardwerk genannt. 1928 starb sein zweiter Sohn, ein Arzt, an einer schweren Krankheit.

1933 erreichten auch Otto Lenel die Auswirkungen des nationalsozialistischen Rassenwahns. Seine Tochter, die ihm geblieben war, wurde aus ihrem Beruf als Krankenschwester verdrängt. Seine Enkel waren bedroht. Diese schweren Schicksalsschläge brachen, wie *Horst Göppinger* (1916-1996) berichtet hat, den herausragenden Rechtshistoriker. In den letzten eineinhalb Jahren seines Lebens wandte er sich völlig von der Wissenschaft ab. Am 7. Februar 1935 verstarb Otto Lenel in Freiburg. Seine über 80jährige Witwe *Luise Lenel* wurde im Oktober 1940 aus Freiburg verschleppt und ist auf dem Transport in das berüchtigte Lager Gurs in Südwestfrankreich verstorben.

*Otto Lenel mit seinen Enkelkindern Dorothea, Paul und Rudolf, etwa 1929*

**SYMBOLAE
FRIBURGENSES**

IN HONOREM

OTTONIS LENEL

VERLAG VON BERNHARD TAUCHNITZ
LEIPZIG

*Symbolae Friburgenses, 1935*

Wohl postum erschien im Todesjahr die Ehrengabe *Symbolae Friburgenses* im Leipziger Verlag Bernhard Tauchnitz. Es ist eine eindrucksvolle, inhaltsreiche Schrift. Sie gab allerdings zu vielen Rätseln Anlaß, weil sie den herkömmlichen Gepflogenheiten zuwider ohne Jahresangabe verlegt wurde und die Widmung trug *Otto Lenel zu seinem sechzigjährigen Doktorjubiläum am 16. Dezember 1931, von Freiburgern Mitarbeitern und Schülern im römischen Recht, zum Zeichen der Dankbarkeit für seine Lehre und sein Vorbild*. Zehn Autoren beteiligten sich an ihr mit überwiegend romanistischen Beiträgen, so Fritz Pringsheim, Wolfgang Kunkel, Fritz Schulz, Andreas Bertalan Schwarz, Ernst Levy und mit einem fast 100seitigen Beitrag der 27jährige Franz Wieacker. In der Nachkriegszeit wurde die Ehrengabe von manchen, an ihr nicht beteiligten Autoren, wie etwa *Werner Flume,* Schüler von *Fritz Schulz,* sowie *Okko Behrends,* Schüler von *Franz Wieacker,* als 1933 erschienen bezeichnet. Aus dem Fußnotenapparat im Beitrag des Freiburger Rechtslehrers Schwarz über *Einflüsse deutscher Zivilistik im Ausland* ergibt sich aber eindeutig, daß die Ehrengabe erst 1935 publiziert wurde. In der Bibliothek des Reichsgerichts in Leipzig wurde das Werk angeschafft und dort auf dem Exemplar als Erscheinungsjahr 1935 handschriftlich vermerkt.

Die drohende Konfiskation des Hauses durch das NS-Regime nach der Deportation von Luise Lenel konnte abgewendet werden, in dem die erbberechtigte Tochter das Erbe ausschlug und an ihre Stelle die – nach dem NS-Rechtsverständnis – erbfähigen Enkel Otto Lenels traten. So vermerkten auch die Freiburger Adressbücher nach 1941 als Eigentumsangabe Lenel Erben, während andere Häuser Freiburger Bürger jüdischer Herkunft, wie etwa das Liefmann-Haus (*nachstehende Station 18*), beschlagnahmt wurden und den Vermerk unter Verwaltung bzw Verw. erhielten.

Im Erdgeschoß des Anwesens Holbeinstraße 5 wohnte der 1941 von Marburg kommende Zivilrechtler *Gustav Boehmer* (1881-1969) zu Beginn seiner Freiburger Jahre. In seinen rechtshistorisch und rechtsvergleichend ausgerichteten Arbeiten befaßte er sich insbesondere mit dem Familien- und Erbrecht. Er galt als der originellste unter den damaligen Rechtslehrern an der Fakultät und wirkte auch nach seiner Emeritierung in gut besuchten Lehrveranstaltungen als Kathederstar.

*Der Freiburger Kathederstar*
*Gustav Boehmer*

*Wir folgen nun die Holbeinstraße weiter und gelangen zum Holbeinplatz. Wir wenden uns nach rechts in die Silberbachstraße und biegen anschließend in die Lugostraße ein. Auf der rechten Straßenseite erreichen wir alsbald das Anwesen Nr. 10.*

### ⑯ Juristen-Villa
Lugostraße 10

In diesem Anwesen wohnten in den Dreißiger Jahren des vergangenen Jahrhunderts die Universitätsprofessoren *Theodor Maunz* (1901-1993) und *Erik Wolf* (1902-1977). Die Familie Maunz bewohnte das Erdgeschoß; im ersten Obergeschoß befand sich die Wohnung der Familie Wolf. Nach dem Zweiten Weltkrieg lebte neben Wolf und Maunz auch eine Zeit lang der badische Innenminister *Alfred Schühly* in diesem Anwesen. Nach dem Weggang von Maunz nach München folgte Anfang der Fünfziger Jahre der Rechtshistoriker *Hans Thieme* nach.

Theodor Maunz, am 1. September 1901 in Dachau geboren, wurde 1925 in München promoviert. 1932 folgte die Habilitation, ebenfalls in München mit der Schrift *Hauptprobleme des öffentlichen Sachenrechts*. Mit Wirkung zum 1. April 1935 wurde Maunz zum planmäßigen Extraordinarius in Freiburg berufen und zwei Jahre später zum Ordinarius bestellt. Er blieb in Freiburg, bis er 1953 einen Ruf nach München erhielt. Seine Freiburger Jahre umfassen zwei Phasen. Die Zeit bis 1945 ist durch sein bedingungsloses Engagement für das NS-Recht geprägt, in radikaler Abkehr von der liberal-rechtstaatlichen Linie. An der berüchtigten Tagung *Die deutsche Rechtswissen-*

*Staatsrecht*, dann als Mitherausgeber und Kommentator des 1958 begründeten Großkommentars *Maunz/Dürig*.

Erik Wolf wurde am 13. Mai 1902 in (Wiesbaden-)Biebrich geboren. Sein Vater, ein Chemiker, stammte aus Hessen. Seine Mutter kam aus dem altbaslerischen Patriziergeschlecht der Burckhardts, von ihr hat er die Liebe zur alemannischen Sprache und Kultur geerbt. Das Studium der Rechtswissenschaften schloß er 1924 in Jena mit der Promotion ab. 1927 hat er sich, gefördert von Alexander Graf zu Dohna und Gustav Radbruch, in Heidelberg mit einer strafrechtlichen Schrift habilitiert. Nach kurzen Zwischenstationen in Rostock und Kiel erhielt er 1930 in Freiburg den Lehrstuhl für Strafrecht, Strafprozeßrecht, Rechtsphilosophie, Allgemeine Rechtslehre und Gefängniskunde übertragen. Aus der Gefängniskunde wurde alsbald das von ihm neugegründete Seminar für Strafvollzugskunde, womit an der Freiburger Fakultät der Grundstock für den später weiter zur Kriminologie entwickelten Wissenschaftszweig entstand. Von 1937 bis 1945 war Wolf zudem am Freiburger Landgericht in einer Großen Strafkammer und im Schwurgericht als Richter tätig.

*Theodor Maunz am Freiburger Katheder*

schaft im Kampf gegen den jüdischen Geist im Jahre 1936 beteiligte er sich mit dem Beitrag *Die Juden und die Verwaltungsrechtswissenschaft*. In seiner 1943 erschienenen Schrift *Gestalt und Recht der deutschen Polizei* vertrat er entschieden den NS-Rassestandpunkt und postulierte eine extreme Entgrenzung der polizeilichen Befugnisse. Nach 1945 folgte die Wende zum demokratischen Rechtsstaat. Als „badischer Kronjurist" wirkte er an der Ausarbeitung der Landesverfassung von 1947 mit und als Experte war er dem Vertreter Badens im Verfassungskonvent von Herrenchiemsee beigeordnet. Nach Verabschiedung des Grundgesetzes wurde er dessen Interpret, zunächst mit seinem 1951 erstmals erschienenen Studienbuch *Deutsches*

Nach der NS-Machtergreifung steht der junge Erik Wolf nicht abseits. Vom neuen Universitätsrektor *Martin*

*Heidegger* (1889-1976), den er erstmals 1928 bei einem Vortragsabend in Kiel persönlich kennengelernt hatte, wurde er zum Dekan der Rechts- und Staatswissenschaftlichen Fakultät ernannt. In dieser kurzen Amtszeit – sie endete mit dem Rücktritt Heideggers als Rektor im April 1934 – finden sich auch bei Wolf nationalsozialistische Töne. Ebenso in den Schriften *Richtiges Recht im nationalsozialistischen Staate* sowie *Die Aufgaben der evangelisch-christlichen Jugendbewegung im Dritten Reich* zeigt sich der damalige Zeitgeist mit nationalsozialistischem Gedankengut vereint. Eine Total-Affirmation mit der NS-Bewegung ist aber, wie Alexander Hollerbach zu Recht hervorgehoben hat, nicht ersichtlich. Zum NS-Kronjuristen, wie etwa sein Nachbar Theodor Maunz, entwickelte er sich nicht. Die politische Ernüchterung setzte bald ein und sein Engagement in der bekennenden Kirche sowie im Freiburger Konzil während des Krieges zeigen deutliche widerständige Züge im Handeln von Erik Wolf.

Im März 1939 erschien in erster Auflage sein Werk *Große Rechtsdenker der deutschen Geistesgeschichte*, das aus im wesentlich in Freiburg gehaltenen Vorlesungen hervorging. Es stellt eine meisterhafte Verbindung von Lebens-, Werk- und Ideengeschichte dar und kann als Dokument des geistigen Widerstandes gewertet werden (Alexander Hollerbach). Von

*Erik Wolf*

Eike von Repgow über Ulrich Zasius bis Otto von Gierke werden 14 namhafte Juristen aus ganz unterschiedlichen Jahrhunderten portraitiert. Weitere Auflagen dieses auch heute noch lesenswerten Grundlagenwerks folgten 1944, 1951 und schließlich 1963, jeweils um weitere Persönlichkeiten angereichert. In der letzten Auflage ergänzte Wolf seine Portraits um ein Lebensbild von Gustav Radbruch, seines Heidelberger Lehrers, mit dem er nach einer Abkühlung der Beziehung in den Jahren 1933/34 ab dem Jahre 1939 wieder in engeren Austausch getreten war.

Ende des Jahres 1945 wurde Erik Wolf auf eigenem Wunsch von der Verpflichtung, das Strafrecht zu vertreten, entbunden. Sein Lehrstuhl befaßte sich nun mit Rechts- und

**Große Rechtsdenker**
der deutschen Geistesgeschichte

Ein Entwicklungsbild unserer Rechtsanschauung

von
Prof. Dr. Erik Wolf

Mit 14 Bildern

Verlag von J. C. B. Mohr (Paul Siebeck) in Tübingen
1939

Staatsphilosophie, Geschichte der Rechtswissenschaft und Kirchenrecht. Zudem wurde er zum Direktor des neugegründeten Seminars für Rechtsphilosophie und evangelisches Kirchenrecht bestellt. Diese Fachgebiete prägten sein weiteres Wirken in Forschung und Lehre. 1967 wurde er emeritiert. Eine seiner letzten Schriften, beruhend auf einem im Dorfbildungswerk Oberrotweil 1970 gehaltenen Vortrag, trug den bezeichnenden Titel *Der unbeliebte, aber unentbehrliche Jurist*.

1959 zog er von Freiburg nach Oberrotweil am Kaiserstuhl. Dort fühlte er sich besonders wohl; er war ein Kenner und Freund der Natur. Von früh an hat er sich namentlich für Käfer interessiert und unendlich viel gesammelt, bestimmt und präpariert. So stand er auch im Austausch mit dem Schriftsteller *Ernst Jünger* (1895-1998), der bekanntlich auch dieser Leidenschaft nachging. Jünger notierte zur Käferjagd: *Im Kaiserstuhl, geführt von Erik Wolf, dem Philosophen, der jede Hecke, jeden alten Baumstamm des Gebirges kennt.* In Oberrotweil starb Wolf am 13. Oktober 1977. Dort wird an den prominenten Bürger mit einem Professor–Erik–Wolf–Weg und einer Professor Erik–Wolf–Stube erinnert und die Grabstätte von der Gemeinde gepflegt.

*Alfred Schühly* wurde am 14. Februar 1889 in Karlsruhe geboren. Nach Abitur am dortigen Humanistischen Gymnasium begann er 1907/08 das Studium der Rechtswissenschaften in Freiburg und setzte es in Leipzig und

*Alfred Schüly*

Heidelberg fort. 1911 legte er die Erste juristische Staatsprüfung ab, kriegsbedingt folgte die Zweite Prüfung 1917. Dann trat er in die badische Innenverwaltung ein. 1932 wurde er zum Ministerialrat ernannt. Die NS-Regierung versetzte ihn als Oberverwaltungsgerichtsrat an den badischen Verwaltungsgerichtshof in Karlsruhe. Nach Kriegsende trat er als Ministerialrat in die südbadische Landesverwaltung ein und wurde in der Regierung Wohleb am 29. Juli 1947 Innenminister. Dieses Amt führte er bis zur Auflösung des Landes Baden im Jahre 1952 fort. Anschließend wurde er Präsident des badischen Verwaltungsgerichtshofs in Freiburg und trat 1955 in den Ruhestand. Seit 1946 wirkte er an der Rechtswissenschaftlichen Fakultät als Lehrbeauftragter für Verfassungs- und Verwaltungsrecht; 1951 wurde er dort im Hinblick auf seine Verdienste im akademischen Unterricht und im Prüfungswesen Honorarprofessor. Am 9. März 1977 ist Schühly in Freiburg verstorben.

*Hans Thieme*

*Hans Thieme* wurde am 10. August 1906 in Naunhof, südlich von Leipzig, geboren. Nach dem Abitur in Leipzig studierte er Rechtswissenschaften an den Universitäten Basel, München, Berlin und Leipzig. In seiner Heimatstadt Leipzig wurde er 1929 promoviert; 1931 folgte die Habilitation an der Universität Frankfurt a.M. bei *Franz Beyerle*. 1934 wurde er an die Universität Breslau berufen, von dort wechselte er 1940 nach Leipzig. Von 1939 bis 1940 sowie ab 1942 leistete er Wehrdienst als Reserveoffizier. Nach Kriegsende wechselte er wie viele Leipziger Dozenten an die Georg-Augusta-Universität nach Göttingen. 1953 wurde er Nachfolger seines Lehrers und Mentors Beyerle in Freiburg und wirkte in den Fächern Deutsche Rechtsgeschichte, Bürgerliches Recht und Handelsrecht. Von Freiburg aus konnte er seine Kontakte nach Basel wieder aufnehmen und intensivieren, einst sein Studienort und Heimatstadt seiner Mutter. Mit Fragen der Basler Gelehrten- und Wissenschaftsgeschichte beschäftigte er sich eingehend, Beiträge wie *Zasi-*

*Früherer Bahnübergang in der Goethestraße*

us und Basel, Die Basler Doktorthesen des Johannes Althusius, Staturrecht und Rezeption, ein Basler Fakultätsgutachten für Breslau sowie seine *Amerbach-Studien* belegen dies eindrucksvoll. So wurde er, wie es Alexander Hollerbach anschaulich formulierte, für die Freiburger Fakultät zum *Brückenkopf in allen helvetischen Fragen*. Doch nicht nur mit der Epoche des Humanismus am Oberrhein befaßte sich Thieme. Seine unter dem Titel *Ideengeschichte und Rechtsgeschichte* 1986 erschienenen *Gesammelten Schriften* zählen über 1400 Seiten und reichen von Themen zur germanischen Rechtsgeschichte bis zur Freirechtslehre zu Beginn des 20. Jahrhunderts. 1974 wurde Thieme emeritiert und blieb in Freiburg-Günterstal wohnhaft. Am 3. Oktober 2000 ist er dort verstorben.

*Wir kehren nun zurück, gehen links die Silberbachstraße weiter und passieren das an der Ecke zur Beethovenstraße gelegene Anwesen Nr. 22, in der der Romanist Fritz Pringsheim (Näheres hierzu Rundgang II, Station 12) eine zeitlang gewohnt hatte. Über die Beethovenstraße kommen wir zum Goetheplatz zurück. Nun gehen wir die Goethestraße stadteinwärts bis zur Lorettostraße.*

*Dort biegen wir in den an der Straßenkreuzung beginnenden Amselweg ein und folgen dem reizvoll gelegenen Weg, an dem der Amselbach entlang läuft, bis zur Schwimmbadstraße. Diese Straße gehen wir stadteinwärts bis zur kreuzenden Baslerstraße. Auf der gegenüberliegenden Straßenseite sehen wir das Anwesen Schwimmbadstraße 13.*

**⑰ Wohnung Ernst Rudolf Huber**
Schwimmbadstraße 13

Im ersten Obergeschoß dieses Mehrfamilienhauses wohnte Professor *Ernst Rudolf Huber* (1903-1990) mit seiner großen Familie in den Jahren von 1949 bis 1955. Anschließend bezog er ein Haus in Freiburger Stadtteil Zähringen. Am 28. Oktober 1990 ist er in Freiburg verstorben. Seit 1933 war er mit *Tula Simons* (1905-2000), einer Tochter des früheren Reichsgerichtspräsidenten *Walter Simons* (1861-1937) verheiratet. Tulla Huber-Siemons war jahrzehntelang als Rechtsanwältin in der Anwaltskanzlei von Maria Plum (*Näheres hierzu Rundgang II, Station 11*) tätig.

*Ernst Rudolf Huber*

Als Schüler *Carl Schmitts* (1888-1985) schloß sich Huber Anfang 1933 der nationalsozialistischen Bewegung an und erhielt im April seinen ersten öffentlich-rechtlichen Lehrstuhl an der Universität Kiel. Gleichzeitig trat er in die NSDAP ein. 1937 wechselte er an die Universität Leipzig und folgte 1941 einen Ruf an die Universität Straßburg. Huber gehörte zu den maßgeblichen Staatsrechtlern der NS-Zeit; seine Monographie *Verfassungsrecht des Großdeutschen Reiches*, 2. Aufl. 1939, war das *führende nazistische Lehrbuch* (Fritz Pringsheim) auf diesem Gebiet. Nach 1945 erhielt Huber zunächst keine Anstellung; erst 1952 erteilte ihm die Freiburger Fakultät einen Lehrauftrag für neuere Verfassungsgeschichte. Als im Zuge des Weggangs von Theodor Maunz in der Fakultät erörtert wurde, Huber mit dessen Lehrstuhl zu betrauen, scheiterte dies am entschiedenen Widerstand von Fritz Pringsheim, der zu recht darauf hinwies, es gehe nicht an, dem führenden Vertreter des NS-Staatsrechts die Lehre des heutigen Verfassungsrechts anzuvertrauen. 1956 wurde Huber an der Freiburger Fakultät zum Honorarprofessor für Wirtschaftsrecht und neue Verfassungsgeschichte ernannt; überwiegend las er Wirtschaftsverwaltungsrecht. Eine ordentliche Professur an einer Universität blieb ihm weiterhin verwehrt. Erst 1957 wurde er an die Hochschule für Sozialwissenschaften in Wilhelmshaven – damals die kleinste Hochschule Deutschlands – auf einen Lehrstuhl für Öffentliches Recht berufen. Als diese Einrichtung 1962 in die Universität Göttingen eingegliedert wurde, hatte der fast 60jährige Staatsrechtler sein Ziel, wieder Mitglied einer rechtswissenschaftlichen Fakultät zu sein, erreicht.

Sein größtes Werk ist die in den Jahren zwischen 1957 bis 1984 in sieben Textbänden erschienene *Deutsche Verfassungsgeschichte seit 1789*. Es beruht auf Vorarbeiten, die in die Dreißiger Jahren zurückgreifen, aber ihre entscheidende Prägung erst in der unmittelbaren Nachkriegszeit erfuhren, als der Autor in Falkau im Hochschwarzwald ohne universitäre Anstellung seine weitgreifenden Studien betrieb. Dem Werk liegt ein konservativ-nationales und demokratisches Verfassungsverständnis zugrunde. Es genießt bis heute unter Fachleuten hohe Wertschätzung und hat sich als zuverlässiges Nachschlagewerk bewährt. Im Gegensatz zu seinem Lehrer Carl Schmitt hat sich Huber in der Nachkriegszeit in verschiedenen Verlautbarungen strikt vom NS-Regime distanziert.

*Anschließend gehen wir die Basler Straße weiter ostwärts und biegen dann rechts in die Goethestraße ein. Wenig später erreichen wir das auf der linken Seite gelegene Doppelhaus-Anwesen Nr. 33-35.*

**⑱ Liefmannhaus**
Goethestraße 33

Robert Liefmann wurde am 4. Februar 1874 in Hamburg geboren. Er studierte in Freiburg, Berlin, München und Brüssel Nationalökonomie und Rechtswissenschaften. 1904 wurde er außerordentlicher Professor an der Rechts- und staatswissenschaftlichen Fakultät in Freiburg, 1907 wurde ihm ein Lehrstuhl übertragen. Bis zum Schicksalsjahr 1933 entfaltete er eine rege wissenschaftliche Tätigkeit in Lehre und Forschung. Auf dem Gebiet des Kartellwesen war er ein international angesehener Wissenschaftler. Im April 1933 wurde er aus rassistischen Gründen entlassen. Er blieb in Freiburg weiterhin wohnhaft und wurde im Oktober 1940 in das in Südwestfrankreich gelegene Lager

*Robert Liefmann*

Gurs verschleppt, wo er wenige Tage vor der genehmigten Ausreise an den Lagerstrapazen am 20. März 1941 in Morlaàs verstarb. Sein gesamtes Vermögen wurde beschlagnahmt und sein Anwesen bis Kriegsende von der Gestapo genutzt. Dann wurde es von der französischen Besatzungsmacht requiriert, die dort eine Einheit der Militärpolizei unterbrachte.

1949 ging das Anwesen auf das Land Baden über und wurde wiederum für polizeiliche Zwecke genutzt. Bis zum Jahr 2000 war dort die Freiburger Verkehrspolizei untergebracht. Heute dient das Anwesen als Gästehaus der Universität Freiburg.

*David Daube*

### ⑲ Daubehaus
Goethestraße 35

Dieses Haus ist das Elternhaus des Romanisten *David Daube* (1909-1999). Er wurde am 8. Februar 1909 in Freiburg geboren und studierte nach dem Abitur am Bertholdgymnasium Rechtswissenschaften in seiner Heimatstadt. 1929 besuchte er das von Otto Lenel und Franz Pringsheim gemeinsam abgehaltene romanische Seminar und war seither mit Lenel persönlich bekannt. 1931 legte Daube in Karlsruhe das Erste Staatsexamen ab. Ein Jahr später wurde er bei *Wolfgang Kunkel* (1902-1981) in Göttingen mit einer Arbeit über das *Blutrecht im Alten Testament* promoviert; am Landgericht Karlsruhe nahm er die Referendarausbildung auf. Wegen seiner jüdischen Herkunft wurde er im April 1933 aus dem Vorbereitungsdienst entlassen. Lenel empfahl ihm, aus Deutschland fortzugehen und ebnete ihn den Zugang zu englischen Rechtslehrern. Bis zum Tode Lenels im Februar 1935 blieb die *Cross-Channel Friendship* zwischen den beiden Romanisten bestehen. Auch danach hielt der junge Wissenschaftler die Bindung zu Lenel aufrecht. So beteiligte er sich an der posthum erschienenen Festschrift *Symbolae Friburgenses* mit einem Beitrag zur Umbildung biblischen Rechtsguts. In späteren Jahren befaßte sich Daube mit vielen Themen, die Lenel aufgegriffen und bearbeitet hatte. Noch im hohen Alter nannte Daube Otto Lenel seinen wichtigsten akademischen Lehrer.

Im britischen Exil wurde Daube heimisch. Nach dem Ende des Zweiten Weltkriegs erhielt er eine Professur im schottischen Aberdeen, dann ging er nach Oxford und lehrte dort von 1955 bis 1970 als Regius Professor of Civil Law. Anschließend übersiedelte er nach Kalifornien, um an der Universität Berkeley zu arbeiten. Seine Forschungen zum römischen, hebräischen und biblischen Recht brachten ihm weltweite Anerkennung ein.

Auch nach Deutschland kehrte er oft zurück. An der Universität Konstanz übernahm er 1966 eine Honorarprofessur und verbrachte auch noch in späteren Jahren die Sommermonate am See. Seit 1966 war er zudem Mitglied der Bayerischen Akademie der Wissenschaften und zeitweise Inhaber einer Stiftungsprofessur an der Münchener Universität. Am 24. Februar 1999 verstarb Daube in Berkeley. Bis zuletzt behielt er den badischen Akzent seiner Heimatstadt bei; er selbst nannte sich „ein guter Badener".

*Wir folgen weiter der Goethestraße südwärts, überqueren die Konradstraße und erreichen auf der linken Straßenseite das Anwesen Nr. 48.*

## ❷⓿ Wohnhaus von Karl Binding
Goethestraße 48

In diesem Anwesen verbrachte der Strafrechtler *Karl Binding* seinen Lebensabend. Er wurde am 4. Juni 1841 in Frankfurt a. M. geboren. Von 1860 bis 1863 studierte er Geschichte und Rechtswissenschaften in Göttingen. 1864 habilitierte er sich bei Karl Joseph Anton Mittermaier in Heidelberg für Strafrecht und Strafprozeßrecht. 1866 erhielt er einen Lehrstuhl für Öffentliches Recht an der Universität Basel. Dort konnte er sein auf frühere historische Studien beruhendes Werk *Geschichte des burgundisch-romanischen Königreichs* abschließen. Mit dem Basler Rechtslehrer *Andreas Heusler* (1834-1921), einen der führenden Rechtshistoriker seiner Zeit, verband ihn sein Leben lang eine besonders enge Freundschaft. Von 1870 bis 1872 lehrte er an der Freiburger Fakultät, um anschließend seine dritte Station am Oberrhein, nämlich an der neuen Reichsuniversität Straßburg anzutreten. Ein Jahr später verließ er aber schon das Elsaß und übernahm eine Professur an der Universität Leipzig, an der er als führender Strafrechtler seiner Zeit lehrte. Die von ihm bereits in Freiburg in Angriff genommene Normenlehre orientierte sich ausschließlich an das staatlich gesetzte (Straf-)Recht und verzichtete bewußt auf ein philosophisch-ethisches Fundament. 1913 wurde er in Leipzig emeritiert. Seine akademischen Anfänge in der deutschen Südwestecke mit ihrer Grenze zur Schweiz müssen bei ihm in guter Erinnerung geblieben sein und veranlaßten ihn, nach Freiburg zurückzukehren. Dort ist er am 7. April 1920 verstorben.

Kurze Zeit nach seinem Tod erschien die zusammen mit dem Freiburger Psychologen *Alfred Hoche* (1865-1943) verfaßte 58-seitige Schrift *Die Freigabe der Vernichtung lebensunwerten Lebens – Ihr Maß und ihre Form*. Hierin wird die Tötung unrettbarer Kranker und unheilbar „Verblödeter" für gerechtfertigt angesehen und entsprechende gesetzliche Regelungen befürwortet. Es war ein erster Schritt zur Euthanasie, die ihre mörderische Vollendung in der NS-Diktatur erfuhr.

*Wir folgen nun der Goethestraße bis zur Lorettostraße und wenden uns nach links. Nach wenigen Metern erreichen wir in der Lorettostraße das Gasthaus Grüner Baum und biegen in den links gelegenen Verbindungsweg ein, der uns zum malerischen Annaplatz führt.*

*Dieser Platz gilt mit Recht als einer der schönsten Örtlichkeiten der Wiehre und Freiburgs. Das dort befindliche Annakirchle wurde 1753 errichtet, frühere an dieser Stelle erstellte*

*Karl Binding*

*Kirchbauten wurden Opfer der kriegerischen Auseinandersetzungen um die Stadt Freiburg. Die um den Platz herum errichteten Wohnhäuer stammen überwiegend aus der zweiten Hälfte des 19. Jahrhunderts. Das im Osten der Kirche gelegene Feuerwehrhaus wurde 1907 in Betrieb genommen. Wir folgen nun der Kirchstraße stadteinwärts und erreichen wenig später die Konradstraße, in die wir rechts einbiegen, um zur Günterstalstraße zu gelangen. Anschließend gehen wir stadteinwärts zur Kaiserbrücke. Dort folgen wir dem Fußweg dreisamaufwärts und gelangen nach einigen Minuten zum Luisensteg. Wir steigen zum Steg hinauf und erreichen wieder unseren Ausgangspunkt, die Ecke Dreisamstraße/Luisenstraße.*

**Schrifttum (Auswahl)**

Becht, Hans-Peter, Grothe, Ewald (Hrsg.), Karl von Rotteck und Karl Theodor Welcker, Liberale Professoren und Publizisten, Baden-Baden, 2018.

Behrends Okko, Schumann, Eva (Hrsg.), Franz Wieacker, Historiker des modernen Privatrechts, Göttingen, 2010.

Borgstedt, Angela (Hrsg.), Badische Juristen im Widerstand (1933-1945), Konstanz, 2003.

Borgstedt, Angela, Badische Anwaltschaft und sozioprofessionelles Milieu in Monarchie, Republik und totalitärer Diktatur 1864-1945, Karlsruhe, 2012.

Dreier, Rudolf-Werner, Albert-Ludwigs-Universität Freiburg im Breisgau, Freiburg i. Br., 1991.

Fenske, Hans, 175 Jahre badische Verfassung, Karlsruhe, 1993.

Finanzministerium Baden-Württemberg (Hrsg.), Neues Justizgebäude in Freiburg Salzstraße 28, Ehemalige Deutschordenskommende, Freiburg i. Br., 1986.

Fischer, Detlev, Karlsruher Juristenportraits aus der Vorzeit der Residenz des Rechts, Schriftenreihe des Rechtshistorischen Museums, Heft 9, Karlsruhe, 2004.

Fischer, Detlev, Zur Geschichte der höchstrichterlichen Rechtsprechung in Deutschland, in: Juristenzeitung, Tübingen, 2010, S. 1077-1087.

Fischer, Detlev, Juristenbegegnungen zwischen Freiburg und Karlsruhe, Ein rechtshistorischer Rückblick, in: Zeitschrift für die Geschichte des Oberrheins, Stuttgart, 2010, S. 343-364.

Fischer, Detlev, Rechtshistorische Rundgänge durch Karlsruhe – Residenz des Rechts, Schriftenreihe des Rechtshistorischen Museums, Heft 10, 3. Aufl., Karlsruhe, 2017.

Güde, Wilhelm, Vom Oberhof und vom Hofgericht des Oberrheinkreises zum Landgericht Freiburg, in: Werner Münchbach (Hrsg.), Festschrift 200 Jahre Badisches Oberhofgericht – Oberlandesgericht Karlsruhe, Heidelberg, 2003, S. 317-329.

Haehling von Lanzenauer, Reiner, Das Badische Oberlandesgericht in Freiburg, in: Zeitschrift der Savigny-Stiftung für Rechtsgeschichte, Germanistische Abteilung, Wien, 119. Bd., 2002, S. 343-351

Haehling von Lanzenauer, Reiner, Das Badische Landrecht und das badische Rechtswesen im 19. Jahrhundert, in: Paul-Ludwig Weinacht (Hrsg.), Baden – 200 Jahre Großherzogtum, Vom Fürstenstaat zur Demokratie, Freiburg i. Br., 2008.

Haehling von Lanzenauer, Reiner, Der badische Jurist Reichlin von Meldegg und seine Zeit, Schriftenreihe des Rechtshistorischen Museums, Heft 35, Karlsruhe, 2019.

Hattenhauer, Christian/Schroeder, Klaus-Peter (Hrsg.), 200 Jahre Badisches Landrecht von 1809/1810, Frankfurt a.M., 2011.

Hollerbach, Alexander, Julius Federer (1911-1983), Rechtshistoriker und Verfassungsrichter, Schriftenreihe des Rechtshistorischen Museums, Heft 13, Karlsruhe, 2007.

Hollerbach, Alexander, Jurisprudenz in Freiburg, Beiträge zur Geschichte der Rechtswissenschaftlichen Fakultät der Albert-Ludwigs-Fakultät, Tübingen, 2007.

Hollerbach, Alexander, Schweizerisch-deutsche Wechselbeziehungen in der Jurisprudenz des 19. und 20. Jahrhunderts. Dargestellt am Beispiel Freiburgs, in: Freiburger Universitätsblätter, Heft 214, S. 95-123, Freiburg i. Br., 2016.

Hollerbach, Alexander, Öffentliches Recht an der Universität Freiburg in der frühen Nachkriegszeit, Tübingen, 2019.

Kalchthaler, Peter, Freiburg und seine Bauten, Ein kunsthistorischer Stadtrundgang, 2. Aufl., Freiburg i. Br., 1991.

Kißener, Michael, Zwischen Diktatur und Demokratie, Badische Richter 1919-1952, Konstanz, 2003.

Krenzler, Michael (Hrsg.), Freie Anwaltschaft in Südbaden, 65 Jahre Rechtsanwaltskammer Freiburg, Freiburg i. Br., 2011.

Krummer-Schroth, Ingrid, Bilder aus der Geschichte Freiburgs, 2. Aufl., Freiburg i. Br.,1970.

Kühbacher, Ingrid, Sie lebten in Freiburg, Erinnerungen beim Gang über den alten Friedhof, 4. Aufl., Freiburg i. Br., 2006.

Kummle, Thomas, 150 Jahre Amtsgericht Freiburg, Festschrift 1857-2007, Freiburg i. Br., 2007.

Kurtenacker, Sebastian, Freiburg, Landhäuser und Villen in Baden-Württemberg, Bd. 1, Bremen, 2009.

Reimann, Mathias, Der Hochverratsprozeß gegen Gustav Struve und Karl Blind, Der erste Schwurgerichtsfall in Baden, Sigmaringen, 1985.

Schall, Konrad, Gerichtsbauwesen 1803 bis 1918 im Spiegel von Gerichtsverfassung und Prozeßordnungen - dargestellt am Beispiel Badens, Freiburg i. Br., 1994.

Stiefel, Karl, Baden 1648-1952, 2 Bände, Karlsruhe, Nachdruck 2001.

Sturm, Fritz, 200 Jahre Badisches Landrecht, Schriftenreihe des Rechtshistorischen Museums, Heft 30, Karlsruhe, 2011.

Vogenauer, Stefan, Lenel and Daube: A Cross-Channel Friendship, in: Andrew Burrows, David Johnston, Reinhard Zimmermann (Hrsg.), Judge and Jurist, Essays in Memory of Lord Rodger of Earlsferry, Oxford/England, 2013, S. 277-296.

Würtz, Christian, Johann Niklas Friedrich Brauer (1754-1813), Badischer Reformer in napoleonischer Zeit, Stuttgart, 2005.

Würtz, Christian, Karl Wilhelm Ludwig Friedrich Freiherr Drais von Sauerbronn, Jurist, Kammerherr, Schriftsteller, in: Lebensbilder aus Baden-Württemberg, 21. Bd., Stuttgart, 2005, S. 59-94.

Würtz, Christian, Reichskanzler Constantin Fehrenbach (1852-1926), Freiburger Rechtsanwalt und Zentrumspolitiker, Schriftenreihe des Rechtshistorischen Museums, Heft 27, Karlsruhe, 2013.

Zippelius, Karl, Die Badische Anwaltsordnung von 1864, in: Badische Heimat, Freiburg i. Br., 1988, S. 639-649.

**Personenverzeichnis**

Albrecht VI., Erzherzog, 25
Alexander I., Zar von Rußland, 87
Althusius, Johannes, 156
Amerbach, Basilius, 33
Amerbach, Bonifacius, 33
Anschütz, Gerhard, 130
Albiez, Hans Fridolin, 24

Bader, Karl Siegfried, 61, 79, 81, 83, 84, 90, 125, 132
Bader-Weiß, Grete, 15, 83
Bagnato, Franz Anton, 84
Bauer, Johann Georg, 122
Bargatzky, Walter, 133-135
Beauharnais, Stéphanie de, 75
Behrends, Okko, 150
Berthold II., 13
Berthold III., 14
Beyerle, Franz, 15, 113, 155
Beyerle, Konrad, 89
Billing, Hermann, 57
Binding, Karl, 160-161
Bismarck, Otto von, 146
Blind, Karl, 101-103
Böhm, Franz, 113, 117, 146
Boehmer, Gustav, 113, 151
Boetticher, Hermann, 78
Brant, Sebastian, 33
Brauer, Friedrich, 87-88
Brentano, Lorenz, 102
Brugier, Gustav, 78
Bund, Elmar, 71, 148

Caemmerer, Ernst von, 56-57
Citron, Curt, 143-144
Cittadino, Paolo, 33

Colombi, Maria Antonia Gertrudis de Zea Bermudez y, 46

David, Alfons, 143-144
Daube, David, 159-160
Dietze, Constantin von, 132
Dohna, Alexander Graf zu, 152
Dortu, Maximilian, 68, 141-142
Drais von Sauerbronn, Carl Wilhelm Freiherr, 86-87, 99
Drischel, Fritz, 61
Duttlinger, Johann Georg, 43, 63, 68, 118, 120-122

Ebert, Friedrich, 75, 130, 138
Ehrlich, Eugen, 59
Eisele, Hans, 83
Eisele, Fridolin, 83
Engler, Helmut, 52
Erasmus von Rotterdam, Desiderius, 19, 27, 28, 33, 35
Erzberger, Matthias, 80
Eucken, Walter, 113, 117, 132

Fechter, Johann Jacob, 96
Feder, Heinrich von, 103
Federer, Julius, 89-93
Fehsenfeld, Friedrich, 61
Fehrenbach, Constantin, 65, 136-138
Fenske, Hans, 95
Ferdinand I., 33, 37
Fettweis, Karola, 68, 69, 70
Fischer, Otto, 71
Flume, Werner, 150
Fontane, Theodor, 141
Frank, Ludwig, 65
Franz I., Kaiser von Österreich, 87
Freigius, Nikolaus, 35

Friedrich I., Großherzog von Baden, 64
Friedrich II., Großherzog von Baden, 58, 88
Friedrich, Andreas, 44
Friedrich, Hugo, 145
Friedrich Wilhelm III., König von Preußen, 87
Friesenhahn, Ernst, 92
Fuchs, Ernst, 59, 60
Fürst, Walther, 135

Geiler von Kaysersberg, Johann, 29, 30
Gierke, Otto von, 135
Glonig, Martin, 94
Goethe, Johann Wolfgang, 28
Göhring, Rudolf, 81
Goerdeler, Carl, 117
Goldschmidt, Levin, 148
Göppinger, Horst, 149
Grewe, Wilhelm, 91
Grossmann-Doerth, Hans, 56, 112
Grumbach, Berta, 66
Grumbach, Robert, 65-68, 124-125
Güde, Max, 54-55
Gutmann, Franz, 19

Hansjakob, Heinrich, 67
Hauser, Kasper, 122
Hauß, Fritz, 57
Haußer, Paul, 140
Hebel, Johann Peter, 67
Hecker, Friedrich, 103
Heidegger, Martin, 153
Hennenhofer, Heinrich von, 118, 122
Hesse, Konrad, 91
Hessel, Ludwig, 78
Heusler, Andreas, 160

Hilda, Großherzogin von Baden, 88
Hoche, Alfred, 161
Hohenzollern, Graf Hermann von, 94
Hollerbach, Alexander, 93, 136, 153, 156
Honoré, Tony, 72
Hossner, Felix, 137
Hossner, Marie, 137
Huber, Ernst Rudolf, 43, 70, 157-158
Huber-Siemons, Tula, 68, 70, 157
Huch, Ricarda, 146
Hummel, Mathias, 25

Ixnard, Pierre Michel d´, 85

Jünger, Ernst, 154

Kantorowicz, Hermann, 58-60
Karl, Großherzog von Baden, 107-108
Karl Friedrich, Großherzog von Baden, 14, 86, 89, 119
Katz, Rudolf, 47, 49
Kaulbach, Günter, 79
Kerer, Johannes, 31, 32
Kiesinger, Kurt Georg, 55, 132
Koeblin, Eduard, 124
Konrad I., Herzog von Zähringen, 14
Kopf, Ferdinand, 50-51
Kopf, Hermann, 48, 50-52, 138
Kunkel, Wolfgang, 150, 159
Kraft, Ulrich, 25

Lais, Paul, 27
Lamey, August, 45, 68, 98-99
Lampe, Adolf, 117, 132
Lenel, Paul, 149
Lenel, Otto, 71, 114, 148-150, 159
Lenel, Luise, 149, 150

Leopold I., Deutscher Kaiser, 18
Levy, Ernst, 150
Liebenstein, Ludwig von, 68, 121
Liebknecht, Wilhelm, 104
Liefmann, Robert, 158
Liermann, Hans, 58
Litschgi, Franz Xaver, 102
Lorenz, Adolf, 77
Louis V., Joseph de Bourbon, prince de Condé, 119
Luckner, Gertrud, 83
Ludwig XIV., König von Frankreich, 18, 30, 46
Luise, Großherzogin von Baden, 130

Maria Theresia, Kaiserin von Österreich, 145
Marie Antoinette, Königin von Frankreich, 62
Marschall von Bieberstein, Fritz, 129-130
Matt, Maximilian, 67, 78
Maunz, Theodor, 94, 151-152, 153, 157
May, Karl, 61
Mayer, Josef, 78
Maximilian I., Deutscher Kaiser, 23, 28, 29, 33
Michaelis, Alma, 111
Michaelis, Richard, 111-112
Miosge, Dieter, 143
Mirabeau, Boniface Riquetti, Vicompte de, 118, 119
Mirabeau, Honoré Gabriel de Riqueti, Marquis de, 119
Mitteis, Ludwig, 71
Mittermeier, Karl Joseph Anton, 101, 141, 160
Mößmer, Marghareta, 17

Müller, Gebhard, 54
Müller, Lienhart, 94
Müller, Wilhelm, 79
Mynsinger von Frundeck, Joachim, 25-26, 33, 35

Nebenius, Friedrich, 107
Nipperdey, Thomas, 42, 108

Plum, Maria, 68-70, 157
Preiß, Franz August, 18
Pringsheim, Fritz, 69, 70-72, 113, 114, 115, 150, 156, 157, 159
Preuschen, Albrecht, 136

Odernheim, 34
Oncken, Hermann, 116

Radbruch, Gustav, 59, 152, 153
Rathenau, Walter, 138
Ratzel, Friedrich, 57
Reichlin von Meldegg, Josef Carl Alexander, 73, 97
Reichlin von Meldegg, Joseph, 72-73, 97
Reisch, Gregorius, 32
Repgow, Eike von, 153
Riess, Otto, 78
Ritter, Gerhard, 116-118, 132
Rodecker, Karl Wenzeslau (Carl Anton von Rotteck), 42, 118
Rotteck, Karl von, 39, 41-45, 54, 63, 99, 118
Rotteck, Karl von jr., 45
Rosin, Heinrich, 130, 146-147
Rosset, Clemens, 138
Röslmeir, Nikolaus, 13
Rüdt von Collenberg, Felix Heinrich Ludwig Freiherr, 87

Savingy, Friedrich Karl von, 33
Scheffel, Joseph Victor von, 135-136
Schiller von Herdern, Joachim, 21
Schlippe, Joseph, 41
Schlosser, Johann Georg, 28, 119-120
Schmid, Rudolf, 145
Schmidt, Friedrich, 78
Schmitt, Carl, 157, 158
Schmitt, Franz, 92
Schneider, Georg Jakob, 46, 54
Schott, Clausdieter, 27
Schönke, Adolf, 125
Schramm, Gottfried, 145
Schreiber, Heinrich, , 68, 70, 72
Schwanthaler, Ludwig, 44
Schwarz, Andreas Bertalan, 150
Schwarz, Berthold, 24, 45
Schweizer, Ernst Otto, 55
Schwerin, Claudius Freiherr von, 61, 62, 89
Schwoerer, Paul, 147
Schühly, Alfred, 94, 104, 151, 154-155
Schulz, Fritz, 150
Selowsky, Karl, 47
Senger, von, 98
Sichard, Johann, 33
Sickingen-Hohenburg, Casimir von, 85
Sickingen-Hohenburg, Ferdinand Sebastian von, 85
Siegel, Kurt, 13
Sigismund, Erzherzog, 29
Simons, Walter, 157
Sinauer, Erica. 60-62
Sinauer, Moritz, 60-61
Sonntag, Leopold, 139
Stabel, Anton von, 45, 99-101
Stadelmann, Catharina, 17
Stolz, Alban, 93
Struve, Gustav, 99, 101-103, 142

Stürtzel von Buchheim, Konrad, 29, 30, 32

Thannhauser, Siegfried, 69
Thieme, Hans, 23, 32, 56, 151, 155-156
Tillessen, Heinrich, 80
Tröndlin von Greiffenegg, Hermann, 30

Vauban, Sébastien le Prestre de, 46, 62
Vicari, Hermann, 97
Villinger von Schönenberg, Jakob, 27
Vonderlew, Johann Martin, 94

Welcker, Karl Theodor, 42-44, 62-65, 135
Welsch, Otto, 78
Wendt, Günther, 113
Wentzinger, Christian, 17
Wieacker, Franz, 35, 56, 72, 114-116, 150
Wilhelm I., Deutscher Kaiser, 94, 141
Wimpheling, Jakob, 29, 32
Windscheid, Bernhard, 33, 121
Winterer, Otto, 110
Wössner, Albert, 79
Wohleb, Leo, 46, 95
Wolf, Erik 117, 151-154
Wolffart, Anna, 17
Würtenberger, Thomas, 54

Zasius, Johann Ulrich, 33, 35
Zasius, Ulrich, 11,19, 25, 28, 32-36, 37, 133, 153, 155
Zürcher, Paul, 78-79, 81-82, 83, 94, 131-132
Zwerger, Johann Nepomuk, 44

**Abbildungsverzeichnis**

Bibliothek des Bundesgerichtshofes, Karlsruhe: S. 34, 35 (u), 112, 129, 144, 150.

Lena und Michael Fischer, Freiburg i. Br., S. 50, 60 (u), 133, 142.

Institut für Rechtsgeschichte und geschichtliche Rechtsvergleichung der Universität Freiburg, Freiburg i. Br., S. 61.

Landesarchivdirektion Baden-Württemberg, Generallandesarchiv Karlsruhe: S. 73 (u): 233/27222, 88: J-Ac-B/153, 107: J-Ac-N/9, 136: 231/2937(610), 138: N Fehrenbach 14, 140: R 18x24/359.

Rechtshistorisches Museum Karlsruhe: S. 11, 13, 14, 15, 16, 17, 18, 19, 20, 21, 22, 23, 24, 25, 26, 27, 29, 30, 31, 32, 33, 35 (o), 36, 37, 38, 42, 44, 45, 46, 47, 51, 52, 53, 54, 55(u), 58, 59 (o), 60 (o), 62, 63, 64, 66, 67, 69, 70, 71, 72, 73 (o), 74, 75, 76, 79, 80, 81, 82, 83, 84, 86, 87, 89, 91, 92, 93, 94, 95, 96, 97, 99, 100, 102, 103, 105, 110, 111, 112, 114, 115, 116, 118, 119, 120, 121, 122, 124, 125, 127, 131, 132, 134, 137, 141, 143, 145, 146, 147, 148, 151, 152, 153, 154, 155, 156, 157, 158, 159, 161.

Stadtarchiv Karlsruhe: S. 28, 39, 43, 48, 49, 55 (o), 65, 98, 101, 108, 109, 135.

Verlag C. F. Müller, Heidelberg, S. 59 (u).

Stefan Vogenauer, Lenel and Daube: A Cross-Channel Friendship, in: Andrew Burrows, David Johnston, Reinhard Zimmermann (Hrsg.), Judge and Jurist, Essays in Memory of Lord Rodger of Earlsferry, Oxford/England, 2013, S. 285: S. 149.

In gleicher Ausstattung ist im Verlag der Gesellschaft für Kulturhistorische Dokumentation erschienen:

**Detlev Fischer**
**Rechtshistorische Rundgänge durch Karlsruhe**
Residenz des Rechts, 3. Aufl. 2017, S. 201, € 15.

### Zur 1. Aufl. 2005

Sachkundig sind über 60 Rundwegstationen in diesem Büchlein erläutert, es bietet Einblicke in die Landes-, die Stadt- und die Justizgeschichte. Schematische Übersichten erleichtern das Auffinden einzelner Stationen, umfängliches Bildmaterial macht Vergangenes und Gegenwärtiges anschaulich, sorgfältig recherchierte Fundstellen ermutigen zu weiterem Nachforschen. Dieser rechtshistorische Streifzug quer durch Karlsruhe wird den juristischen Promeneur wie den Nichtjuristen bereichern.
*Dr. Reiner Haehling von Lanzenauer, Ltd. Oberstaatsanwalt a. D., in: Zeitschrift für die Geschichte des Oberrheins, Bd. 154, 2006, 674.*

Durch die Rundgänge und die Fülle der Informationen, die Fischer gibt, wird Justiz aus dem Himmel der Abstraktion heruntergeholt und erlebbar. Dass Justiz ein Kulturphänomen ist und zur Geschichte der Kultur eines Landes gehört, hat leider noch immer keinen Eingang in das kollektive Bewusstsein gefunden. In Berlin z.B. stieß der Vorschlag, eine Rundfahrt zu den Sehenswürdigkeiten der Justiz in das touristische Programm für Berlin-Besucher einzubeziehen, auf Desinteresse. Fischers verdienstvolle Pioniertat könnte Anstoß geben, darüber noch einmal nachzudenken.
*Dr. Rudolf Wassermann, Präsident des Oberlandesgerichts Braunschweig a. D., in: Recht und Politik, 2006, 62.*

Justizgeschichte, die sich in Gebäuden, Denkmälern, Straßennahmen usw. ausdrückt, ist hier zu Spaziergängen durch die Stadt komponiert und kundig erläutert. ... Keine Frage: einen solch anschaulichen, gut bebilderten und spannend zu lesenden Führer durch die Justizgeschichte wünschte man sich für viele Städte. Vielleicht würde dann der deutschen Rechts- und Justizgeschichte in der allgemeinen Geschichtswissenschaft wie in der öffentlichen Wahrnehmung mehr Interesse entgegengebracht.
*Prof. Dr. Michael Kißener, Universität Mainz, in: Journal für Juristische Zeitgeschichte 2007, 115.*

### Zur 2. Aufl. 2012

In fünf Rundgängen zu je ein bis zwei Stunden werden bei diesen Streifzügen durch Recht und Justiz über 70 Stationen besucht, allesamt vor allem deshalb anregend, weil sie sämtlich in einen rechts- und zeitgeschichtlichen Zusammenhang gestellt werden, teils ein offenes Museum des Rechts, teils juristische Zeitgeschichte, in jedem Fall ein in Deutschland singuläres Buch voller Entdeckungen. Das 150 Seiten starke Buch mit vielen Abbildungen eignet sich nicht nur für den juristischen Stadtwanderer auf Detlev Fischers Spuren, sondern ist ein Geschenk für jeden Juristen, der drei Jahrhunderte deutscher Rechtsgeschichte in Stein gewordenem Miniaturformat in der „Residenz des Rechts" nachlesen will.
*Prof. Dr. Dr. Norbert Gross, Rechtsanwalt beim Bundesgerichtshof, in: Neue Juristische Wochenschrift 2012, 742.*

Der Autor versteht es, die Geschichte der Justizbehörden und Gerichte, die Biographie der Akteure und die Schauplätze des Geschehens in ausgezeichneter Weise zu verbinden. Das ist in der Rechtsgeschichte selten. Das exzellente Werk ist sowohl nach Inhalt wie auch nach seiner attraktiven Ausgestaltung bestens zu empfehlen.
*Prof. Dr. Diemut Majer, Universität Bern, in: Journal der juristischen Zeitgeschichte, 2012, 134.*

## Schriftenreihe des Rechtshistorischen Museums Karlsruhe

| | | |
|---|---|---|
| Heft 1 | Herbert Rittmann: Hammurabi und sein Gesetzbuch, 1982, 32 S. | 1,50 € |
| Heft 2 | Dr. Jürgen Spinnarke: Recht in Deutschland, 1985, 76 S. | 5,00 € |
| Heft 3 | Dr. Hildebert Kirchner: Eduard von Simson, ein großer Parlamentarier und Richter, Reden und Aufsätze zu seinem Gedenken, 1985, 82 S. | 5,00 € |
| Heft 4 | Dr. Reiner Haehling von Lanzenauer: Recht und Gericht in Baden-Baden, 1987, 64 S. | 5,00 € |
| Heft 5 | Dietrich Pannier (Red.): Ansprachen zum Präsidentenwechsel, 1988, 54 S. | 5,00 € |
| Heft 6 | Dr. Reiner Haehling von Lanzenauer: Dichterjurist Scheffel, 1988, 72 S. | 5,00 € |
| Heft 7 | Prof. Dr. Gerd Pfeiffer: Karlsruhe auf dem Weg zur Residenz des Rechts, 1990, 104 S. | 6,00 € |
| Heft 8 | Walter Mathiak: Zwischen Kopfsteuer und Einkommensteuer, die preußische Klassensteuer von 1820, 1999, 79 S. | 10,00 € |
| Heft 9 | Dr. Detlev Fischer: Karlsruher Juristenportraits aus der Vorzeit der Residenz des Rechts, 2004, 92 S. | 10,00 € |
| Heft 10 | Dr. Detlev Fischer: Rechtshistorische Rundgänge durch Karlsruhe, Residenz des Rechts, 2005, 3. Aufl. 2017, 201 S. | 15,00 € |
| Heft 11 | Prof. Dr. Dr. Fritz Sturm: Theodor Mommsen, Gedanken zu Leben und Werk des großen deutschen Rechtshistorikers, 2006, 80 S. | 12,50 € |
| Heft 12 | Dr. Detlev Fischer: 150 Jahre Badische Amtsgerichte, 2007, 72 S. | 12,00 € |
| Heft 13 | Prof. Dr. Dr. Alexander Hollerbach: Julius Federer (1911 - 1984), Rechtshistoriker und Verfassungsrichter, 2007, 60 S. | 11,00 € |
| Heft 14 | Dr. Reiner Haehling von Lanzenauer: Der Mord an Matthias Erzberger, 2008, 48 S. | 11,00 € |
| Heft 15 | Dietrich Pannier (Red.): Ansprachen zum Präsidentenwechsel, 2008, 36 S. | 11,00 € |
| Heft 16 | Dr. Detlev Fischer: Eduard Dietz (1866 - 1940), Vater der badischen Landesverfassung von 1919, ein Karlsruher Juristenleben, 2008, 2. Aufl. 2012, 154 S. | 15,00 € |
| Heft 17 | Prof. Dr. Dr. Norbert Gross: Josef Kohler – Lebenspfade eines badischen Universaljuristen, 2009, 64 S. | 11,00 € |

| | | |
|---|---|---|
| Heft 18 | Dr. Wilhelm Güde: Der Rechtshistoriker Guido Kisch (1889 - 1985), 2010, 70 S. | 12,00 € |
| Heft 19 | Wolfgang Kneip: Die Staatsanwaltschaft Mannheim im 19. Jahrhundert, 2010, 69 S. | 12,00 € |
| Heft 20 | Prof. Dr. Markus Gehrlein: Franz Schäfer, ein Juristenleben vom Kaiserreich bis zum Bonner Grundgesetz, 2010, 76 S. | 12,50 € |
| Heft 21 | Dr. Hildebert Kirchner: Gesammelte Schriften, Beiträge zur Rechts- und juristischen Zeitgeschichte, 2010, 221 S. | 24,00 € |
| Heft 22 | Prof. Dr. Ulrich Falk: Fallstudien zur zivilrechtlichen Judikatur des Reichsgerichts um 1900, 2011, 150 S. | 23,00 € |
| Heft 23 | Prof. Dr. Dr. Fritz Sturm: 200 Jahre Badisches Landrecht, 2011, 70 S. | 16,00 € |
| Heft 24 | Dr. Karl Zippelius: Arnold Horn (1844 - 1938), Karlsruher Rechtsanwalt und Privatgelehrter, 2012, 55 S. | 14,00 € |
| Heft 25 | Dr. Angela Borgstedt: Badische Anwaltschaft und sozioprofessionelles Milieu in Monarchie, Republik und totalitärer Diktatur 1864 - 1945, 2012, 416 S. | 39,00 € |
| Heft 26 | Prof. Dr. Dr. Alexander Hollerbach: Anton Christ (1800 -1880), Vormärz, Revolution und Nachmärz im Spiegel des Wirkens eines badischen Juristen, 2013, 47 S. | 14,00 € |
| Heft 27 | Dr. Dr. Christian Würtz: Reichskanzler Constantin Fehrenbach (1852 - 1926), Freiburger Rechtsanwalt und Zentrumspolitiker, 2013, 56 S. | 14,00 € |
| Heft 28 | Prof. Dr. Dr. Norbert Gross: Ernst von Simson, im Dienste Deutschlands: von Versailles nach Rapallo (1918 - 1922), 2013, 133 S. | 23,00 € |
| Heft 29 | Dr. Detlev Fischer (Hrsg.): In Memoriam Hildebert Kirchner (1920 - 2012), 2013, 70 S. | 19,00 € |
| Heft 30 | Prof. Dr. Dr. Fritz Sturm: Das Preußische Allgemeine Landrecht, Geist und Ausstrahlung einer großen Kodifikation, 2014, 109 S. | 21,00 € |
| Heft 31 | Ansprachen zur Amtseinführung der Präsidentin des Bundesgerichtshofs, 2015, 32 S. | 11,00 € |
| Heft 32 | Dr. Eberhard Foth: Bemerkungen zu den RAF-Verfahren in Stuttgart-Stammheim, 2015, 36 S. | 15,00 € |
| Heft 33 | Prof. Dr. Dr. Norbert Gross: Reinhold Frank, Urteil – Vollstreckung – Nachurteil, 2016, 82 S. | 20,00 € |

| | | |
|---|---|---|
| Heft 34 | Prof. Dr. Hans Hugo Klein: Vor- und Entstehungsgeschichte des Bundesverfassungsgerichts, 2018, 46 S. | 15,00 € |
| Heft 35 | Dr. Reiner Haehling von Lanzenauer: Der badische Jurist Reichlin von Meldegg und seine Zeit, 2019, 141 S. | 25,00 € |
| Heft 36 | Dr. Wilhelm Güde, Max Güde (1902-1984), ein Juristenleben im 20. Jahrhundert 2019, 155 S. | 25,00 € |
| Heft 37 | Roland Stimpel, Walter Stimpel (1917-2008) – Kampfpilot und Bundesrichter, 2020, 291 S. | 39,00 € |
| Heft 38 | Dr. Detlev Fischer, Rechtshistorische Rundgänge durch Freiburg, Perle des Breisgau, 2020, 171 S. | 15,00 € |

**Große Reihe**

| | | |
|---|---|---|
| Band 1 | Prof. Dr. Angela Borgstedt, Dr. Eberhardt Natter (Hrsg.): Die Arbeitsgerichtsbarkeit Baden-Württemberg 1946 - 2016, 2016, 340 S. | 129,00 € |
| Band 2 | Prof. Dr. Ulrich Falk, Prof. Dr. Markus Gehrlein, Dr. Gerhart Kreft, Dr. Marcus Obert (Hrsg.): Rechtshistorische und andere Rundgänge, Festschrift für Detlev Fischer, 2018, 702 S. | 149,00 € |

Die Publikationen können bezogen werden über:

**Rechtshistorisches Museum**
im Bibliotheksgebäude des Bundesgerichtshofs
Herrenstraße 45 a, 76133 Karlsruhe
info@rechtshistorisches-museum.de
www.rechtshistorisches-museum.de